応援される会社

熱いファンがつく仕組みづくり

新井範子　山川悟

光文社新書

はじめに

もう30年以上も前のことだ。筆者は、神宮球場の内野席で大学野球をボーッと眺めていた。試合は一方的、選手名もあまりよく知らない。どうしても目が行くのは、学ランを着た応援団員たちのパフォーマンスである。しかしよく見ると、これがパワフルで実に面白い。動きは切れ味鋭いし、観客との対話もユーモアに溢れ、洗練されている。

その時、ふと感じたことがある。それは「ひょっとすると応援団員のほうが、ベンチの選手たちより試合中のエネルギー消費量が多いのでは?」ということだ。つまり応援団そのものが、この舞台の主要プレイヤーなのである。言い方は悪いが、母校の試合をダシに自らの活躍を披露するハレの場こそ、この神宮だったということだ。その証拠に彼らは、試合の様子をほとんど見ていない。

近年、顧客による熱を帯びたブランド愛顧行動が話題を呼び、マーケティングの研究対象となってきた。
その一例を挙げよう。

・好きな商品を大量に仕入れて仲間内で販売する
・お気に入りブランドの広告を制作して動画サイトにアップする
・商品の新用途を考えて逆提案する
・先行き不明な新事業にクラウドファンディングで寄付する
・経営危機の企業にボランティアで知恵を貸す
・終売してしまった商品を復刻させる

これらはまさに、プレイヤーとしてのブランド応援団の様相を示している事例であろう。もはや顧客は、商品・サービスを通じて便益を受ける立場に飽き足らず、「何かをしてあげたい対象」として企業やブランドを位置づけている。ブランド価値を高めようとする行動の主体は、今や顧客側にあるということだ。

もちろんこうした行為や心理を説明する理論がないわけではない。しかし考えなければならないのは、どうしたらこんなに強く愛され、応援してもらえるようになるかだ。「企業イメージ」「売上高」「知名度」といった従来のブランド評価基準で、こうしたケースを語り切ることはできない（それに、もはやそんな時代ではない）。

そこで我々は少し別の角度から考えてみた。それは、芸能・スポーツといったエンターテインメント産業をベンチマークとして、応援のされ方・ファンとの距離感を考えてみるという方法である。

その結果、応援といっても様々な動機やスタイルがあることが見えてきた。巨人と広島カープとでは応援の質が異なるだろうし、音楽でもメジャーとインディーズを同じ括《くく》りで語るのは難しい。未熟でも静かに見守って、将来の成長に期待するスタンスもある。

本書では、「崇拝型」「愛着型」「同志型」「共歓型」「賛助型」という5つの応援パターンを想定し、それぞれに該当するアーチストと企業・ブランドとの共通項を見出《みいだ》してみようとした。

本書は5章構成となっている。

第1章では応援に着目する社会背景を、第2章では応援の類型とそれがもたらす価値について考察する。第3章においては、今、顧客から熱い応援を受けている企業に焦点を当て、なぜ応援されるのか、5つの角度から分析を試みた。第4章では、応援される必要条件を「社会課題ドメイン」「価値競争」「内部ブランディング」「ブランドコミュニティ」の4つのキーワードから検討しつつ、第5章でその気構えを付記した。また、「応援する人」「応援される企業」両者の立場にいる方々へのインタビューをコラムとして配置している。

第1章、第2章、第5章とケースインタビュー②、④、⑤、⑥を新井が、第3章、第4章とケースインタビュー①、③を山川が担当した。

なお新書としてわかりやすさを重視した面もあり、厳密な議論は今後の展開を待つ必要もある。本書のアプローチが成功しているかどうかは、読者諸氏に委ねることとしたい。

読者と顧客との関係が真の意味でFF（相互フォロー）になっていくために、少しでも本書がお役に立てたとしたら幸いである。

山川　悟

2017年12月

応援される会社

目次

第3章 応援されるブランドの類型と特徴 73

図表作成／デザイン・プレイス・デマンド

第1章

なぜ今、「応援」を考えるのか

1、浸透する応援経済

「応援」はグッと身近になった

２０２０年に開催される東京オリンピック・パラリンピックの準備は着々と進んでいる。競技場などの建物の建設などハード面だけではなく、日本のアニメキャラクターが日本選手団への応援を呼びかけたり、ボランティアの制服が決まったりと、ソフトの面でもオリンピックを応援するための準備も進み、今後、さらに応援ムードは高まっていくだろう。

日本では、東日本大震災、また、その後のいくつかの自然災害の被災地を応援するために、被災地のモノを購入して復興を応援したり、応援Ｔシャツなどを購入したり、募金をしたりという行動がみられた。また、アイドルグループＳＭＡＰが解散する前、ファンの間では「花摘み」と呼ばれる、『世界に一つだけの花』のＣＤ購入行動が起こり、結果として３００万枚を超える売上となった。また、解散後も、デビュー記念日には「花摘み」行動が起こり、オリコンで１位を獲得。ファンたちは、ＣＤを購入することでＳＭＡＰを応援する気持ちを表している。また、解散前日にファンがファンによって新聞広告が打たれ、その広告は、２０１７年の日本新聞協会の新聞広告・優秀賞となった。[1]
しかし、逆に応援が「炎上」という形で表れることもある。2017年9月、人気アニメ『けものフレンズ』の監督が、自身の降板をツイートし、ファンが反発。その結果、関連会社の株価が下がるという影響が出たように、ファンの応援が企業に大きな影響を与えるようになった。
特別な応援ではなくても、応援することは私たちの日常に溢れている。好きなプロ野球チームのユニフォームを買って球場まで応援に行く、お弁当を作って子供の運動会に応援へ行く、自然災害の被害を受けた人たちの力になりたいと思う、といったように、私たちは何かに心を動かし、応援をしたくなる。
「応援する」という行為は以前からあるが、近年、その応援の仕方や応援する対象が変わってきた。今までなかった新しいビジネスのシステム、例えば、「民泊」や「ウーバー」などのシェアリングエコノミーもそうだ。自分の持っているモノや知識や労働を貸し合うサービスに参加して、日本に観光に来る人たちの旅を応援する、というように新たなビジネスの根底にも応援が組み込まれている。

1　このクラウドファンディングで行われた広告の経緯の詳細は202ページ。

応援したい自治体に納税する「ふるさと納税」や、被災地のものを購入する「応援消費」も広く知られてきた。また、毎年恒例となっているAKB48の選抜総選挙は、CDを買う購買行動自体を投票行動に変えた。応援と一言でいっても、様々な応援の形があるのだ。

「いいね！」をクリックするのも新たな応援

さて、このような変化の共通点はなんだろう。

それは、一般の人たち、つまり消費者が、自ら率先して行動を起こしているということだ。単にモノを買って生活をする受け身の存在ではなく、自発的に声援を送り、助けようとしている。AKB48の総選挙や応援消費は、「購入」ではあるが、そこには、購入を通して、応援をしたいという自発的な行為がある。

例えば、アイスクリームを食べて美味しかったので、ツイッターやインスタグラムで「このアイスクリーム、最高！」と写真入りで投稿したとしよう。SNSを使っている人によくある行為だが、これも自発的なものだ。その投稿を読んだ人たちはアイスクリームのことを知り、何人かは「食べたい」と思うかもしれない。何人かはリツイートし、そのアイスクリームの評判は広がる、という連鎖も起こっていく。

ＳＮＳで投稿された写真によって、人気となった商品や観光地などは多くある。クチコミの投稿という行動は、商品や観光地などの応援となっているのである。それに加え、投稿記事に「いいね！」を押したり、リツイートしたりすることも、応援となっているのだ。

さらに応援の新たな形としてギフトエコノミー（贈与経済）の進展もある。

ギフトエコノミーとは、アメリカの経済学者のＫ・Ｅ・ボールディングが主張した概念である。[2] 社会の変化によって交換ではない財の転移（＝贈与）が増えてきており、大きく分けて「好きだから」とか「助けたいから」という動機による贈与と、脅し取るような贈与（例えば上納金など。本書では特に触れない）があると述べている。商品とお金の価値を交換するものではなく、自分の利益や見返りを求めず、需要が生まれてからではなく先に贈る（ギフトする）というものである。

有名な例として、カリフォルニア州の「カルマキッチン」がある。そこで食事をしても代

2　Ｋ・Ｅ・ボールディング、公文俊平（訳）（１９７４）『愛と恐怖の経済――贈与の経済学序説』佑学社

金はゼロであり、その代金は前の利用者が支払っている。次に食べる人のために、ギフトの輪をつなげてもいいし、支払わなくてもいい。

日本でも東京神田にある「未来食堂」では、50分働けば、９００円の定食が無料となり、その無料のチケットを、困っている誰かのために置いていってもいい。[3] 善意が先立ち、ギフトとなって輪がつながっていくのである。

以上のように、経済システムやビジネスのサイクルの中では、モノを買う人として位置づけられてきた私たち消費者が、もっと積極的にビジネスの輪に加わるようになり、新しい価値や新しい輪を作り出し始めてきた。自分の意思を主張し、自分たちの主体性によって行動を起こし始めてきたのだ。

「せっかく、納税するなら、自分が育ってきたふるさとにしたい」というふるさと納税のように、自主的な行動が簡単にできるようになってきた背景において、「このレストランがおいしかったよ」「この会社好きだから、インスタグラムをフォローしよう」という支援をしたいという気持ちが生じ、あの映画が面白かったからロケ地に旅行してみよう、というような積極的な行動に結びついていく。つまり、応援となっているのだ。

そもそも、応援とは何であろうか？

よく「応援してます」と言う。「応援してるからね」とか「応援するよ」とも簡単に口にする。その場合は、特定の行為を指しているわけではなく、その人の願いがかなえばいいとか、仕事がうまくいけばいいね、という程度の意味であることが多い。特に何かの行動をすることを約束する言葉ではなくて、「味方だよ」とか「力になってあげたい」という気持ちを表す言葉だ。

このように応援は、ある対象に対してプラスの感情を持っていることと同じように扱われることが多いが、本書では応援を「対象に対して、プラスの感情（好意）から、行動をすること」と定義したい。強い気持ちがあれば、思っているだけでなくて、何か行動を起こしたくなるだろう。つまり、心の中で思っているだけではなく、何か行動をすることを「応援」として捉えたいと思う。そして、応援する人、応援者を「ファン」として考えていくことにする。

さて、応援するというと、すぐに思い浮かぶのがスポーツだろう。スポーツのファンが競技場で声を出し、旗を振る。高校野球をテレビで観戦していても、つい大きな声を出して応

3　ウーマン・オブ・ザ・イヤー2017『日経WOMAN　2017年1月号』日経BP社

援してしまう。ミュージシャンのファンは、CDやDVDを購入し、ライブではアーチストに向けペンライトを振り、歓声を送る。これらが応援の定番であり、その場を盛り上げることがファンの役割であった。

こういったファンの役割や応援の仕方が、インターネットの登場によって大きく異なってきた。以前は、単に観るだけ、声援を送るだけ、心の中で思うだけ、CDを買うだけ、というように、応援という行為は、基本的にはファンの個人的な行動だった。相手が有名選手であったり、アーチストであったりすれば、相手に届かない応援しかできなかった。

ファンがいくら声を大きくして、「頑張れ」と必死で叫び、もし、その試合に勝ったとしても、自分の応援で勝ったとはいえない。応援者は単に応援者として、応援される側には認識されない存在であり、その間には大きな隔たりがある。応援される側と応援する側の間には深い溝があった。しかし、今、ファンと応援される側の関係は大きく変わってきている。

ある研究者は、ポピュラー音楽の世界を例にとって、ファンとアーチスト、そして企業の関係が異なってきたことを指摘し、受け身だったファンの役割を、「スポンサー」「価値の共創者」「ステークホルダー」「投資家・支援家」そして「フィルター」の5つとしている。[4] この分類は、ミュージシャンとファンの関係を基にしたものであるが、それを一般的なものに広げて、考えてみたいと思う。

①スポンサー

イギリスのロックバンド「Radiohead」は、新しいアルバムをデジタル配信し、値段は購入者が決めるという方式の配信を行った。いわゆる「言い値販売」をしたわけである。その結果、もちろん、無料でダウンロードした人も多いが、熱心なファンは高い価格をつけてダウンロードする。この価格設定はＰＷＹＷ（Pay What You Want）といわれるものであり、強い絆を感じているファンは高いお金を支出して、アーチストを支える。ＰＷＹＷによる価格設定を行った会社のケースを調べてまとめているトム・モークス[5]によれば、上位１〜３％の顧客は、価格以上を支払っており、その人たちは、その商品やサービスに対して強い満足感を持っているということを明らかにしている。

ファッション通販サイト「ＺＯＺＯＴＯＷＮ」が、送料を顧客の「好きな価格」に設定で

4　Patryk Galuszka（2015）New economy of fandom, *Popular Music and Society*, 38, 25-43
5　Tom Morkes（2017）The COMPLETE Guide to Pay What You Want Pricing, tom morkes.com

きるようにして話題になった（現在は廃止）。こういった動きがレストランや本、ゲームなどにもみられるようになってきたが、ファンは高い価格を出してもサポートしたいと思うのであろう。ＡＫＢ48の総選挙で、自分の好きなメンバー（推しメン）に投票するために、ＣＤを何十枚も買って投票するという行為は、このスポンサー行為だろう。

昔から、タニマチと呼ばれるように芸能、スポーツなどの領域にスポンサー的な応援者がいたわけだが、今やそういう一部の人たちの応援ではなく、一般の人たちも応援できる仕組みが整ってきたのである。

ＡＫＢ48も活用している「SHOWROOM」というサービスがある。これはスマートフォンなどのアプリを通じてライブ中継するサービスで、アイドルや声優、ミュージシャン、そしてそれらを目指す素人などが配信を行っている。その中継に向けて、お金を出してデジタルな花束やハートを送る、という**デジタルを介したスポンサー行為も広まりつつある。**

②価値の共創者（co-creator）

この概念は、現在のマーケティングの中では主流となってきている。モノやサービス、そしてそれに伴う価値を生み出すのは企業であると考えられてきたが、消費者が価値の源となっていく、また、企業と消費者が一緒に価値をつくり出していくということが注目されるようになってきた。

消費者が商品開発に携わっていくものとして代表的なのは、無印良品の「くらしの良品研究所」である。ここから、消費者主導で新たなヒット商品が生まれてきた。また、スターバックスの「マイスターバックスアイデア」のように顧客からアイデアを募り、サービスにつなげている事例もある（63ページで後述）。

消費者との価値共創は、今や大きな動きである。商品化だけではなく、インスタグラムやツイッターで紹介したり、ユーザーが使い方を教え合ったりなど、宣伝やアフターサービスなどいろいろな場で価値が生み出されている。

また、ファンが二次創作を行ったり、ファン同士の交流の中から助け合ったり、使い方を教え合ったりするなどの様々な価値が生まれている（第２章にて説明）。

③ステークホルダー（准ビジネス関係）

その人を応援したいから広告に出てもらう、取引をする、というようなビジネスの関係性は多いだろう。応援したい地域の食材をお店で扱う、地元の商店街のイベントに出演してもらうなど、自分が関わる場にビジネスのメンバーとして参加してもらう関係だ。広く考えていけば、自分がやっているSNS上で応援したい商品を紹介する、アフィリエイトするなど、インターネット上の取り組みにも様々な形が存在している。

④投資家・支援家

昔から、伝統芸能やスポーツの領域では「タニマチ」と呼ばれる支援者が存在し、無名の新人の頃から金銭的な支援をしてもらっていた。

現在では、クラウドファンディングが「タニマチ」の新たな動きである。クラウドファンディングとは、何らかの事柄（こんな商品を作りたい、闘病する人を支援したい、お店を新しくしたいなど）に対して、インターネット上で賛同する人たちを集め、お金を支援してもらう仕組みである。

このクラウドファンディングによる資金集めの成功例としては、映画『この世界の片隅に』が挙げられる。第2次世界大戦中の広島に住む一人の主婦が主人公、というこの映画に共鳴をした一般の人たちからの支援で、この映画は製作されたのである。クラウドファンディングで集められた製作資金は3900万円にも上った。そしてその映画の最後には、「投資」に対するリターンとして、その人たちの名前がエンドクレジットに流れた。

今までは映画を鑑賞するだけであった消費者たちが、製作サイドへの参加が可能となったのである。応援において「投資」に対するリターンは金銭だけではない。映画製作に参加し、貢献できたという証として、映画に自分の名前が載るという経験もリターンである。他にも、大分県別府市が市内の遊園地「別府ラクテンチ」で温泉に入りながら遊園地が楽しめる「湯〜園地」をクラウドファンディングによって実現し、投資のリターンは、「入場券」であった。このように、クラウドファンディングは、金銭的なリターンを目的とする投資ではなく、支援しながら、楽しい経験のリターンを求める投資である。

⑤フィルター

これは関連する情報を整理し、並べ、解説サイトを作成するなどして、わかりやすく編集するものである。例えば、人気のラーメン店、「ラーメン二郎」のファンが全店舗のメニューを比較したり、店舗の地図や解説を作成したりしてくれたら、ラーメン二郎ファンにとって、とても便利である。それによって、ラーメン二郎へ行く回数が増えたり、別の店舗へ行ってみるきっかけとなったりするのであろう。

パンが好きな人、温泉が好きな人などのように、特定の店舗でなく、そのカテゴリーの情報を整理してくれることで、その領域が活性化する。あらゆるジャンルのファンたちは、いわゆる「まとめサイト」を利用して情報をまとめてくれたり、ウェブサイトをつくったり、ツイッターでボット（ｂｏｔ）を流してくれたりと、いろいろな形でフィルタリングしてくれる。

このように、球場で声援を送り、コンサートでペンライトを振るというだけでなく、**積極的で主体的な応援が進行しているの**だ。主体的なだけではなく、単に外から応援するだけではなく、企画段階から、制作の過程から関わっていくことができるようになってきた。つまり、応援者がアーチストや応援したいブランドや企業と一体化していけるようになったのだ。

以上のように、ファンの役割も多岐にわたるようになってきた。ファンという言葉から受けるイメージとして、スポーツやアイドルや、漫画や映画といったカルチャーだけが対象かと思うかもしれないが、そうではない。自動車やＰＣ、家具、文房具、美容院、食堂など、**生活の中のすべてのモノやサービスが応援の対象**となって、単なる消費者ではなく、ファンとして関わるようになってきており、本書ではこれらをメインの題材とする。

２、応援経済が進む背景

なぜ、応援経済は進んでいるのだろうか。その背景として次の２つが考えられる。

ＳＮＳによるつながりと市場形成

まずは、１点目としてインターネットの普及、とりわけＳＮＳの普及が大きく影響している。

例えば、そんなに売れていないアイドルのファンを想像してみよう。売れていないアイドルの情報がメジャーな雑誌に載っているわけはないし、テレビにも出ない。インターネットが登場する以前、アイドルの情報を得るには、年に数回送られてくるファンクラブの会報などを用いるしかなかった。それが、インターネットの登場後、ホームページで簡単に情報を得ることができるようになった。

またＳＮＳが出てくると、ツイッターやインスタグラムをフォローすることで、アイドルが今何をしているのか、どうやって過ごしているのか、何を食べたのかがすぐにわかる。コメント欄に書き込みをしてみたら、そのアイドルが返事のコメントをくれるかもしれない。メジャーではないので、そのアイドルのファンは、自分の周りに一人もいないかもしれない。しかし、同じアイドルのファンとツイッター上でつながり、情報交換をし、それがきっかけとなって、オフ会を開いてアイドルのことを語り合うこともできる。たとえ、そのアイドルが公式のファンクラブやコミュニティをつくっていなかったとしても、ファンのコミュニティが成立していて、自然発生的にそのアイドルの好きなファンたちはつながっていく。

このように、ＳＮＳの浸透によって、それまで単に情報の受け手であったファンたちが、自分たちで積極的に情報を発信し、ファン同士をつなげ、何かを仕掛けることができる。ＳＭＡＰを応援する新聞広告への出資者たちも、ＳＭＡＰファンたちのＳＮＳでのつながりによって広まった。ＳＮＳの浸透が、応援しやすいプラットフォームを築いたのである。難病の筋萎縮性側索硬化症（ＡＬＳ）の研究に対する寄付を募る「アイスバケッチャレンジ」など、社会的な意義を持つ応援を世界中に広めることもできる。

ＳＮＳは、情報を広め、人をつないでいくだけではない。同じファンがつながることによって、ファン同士の交流が行われるのは第一段階にすぎない。その後、「一緒にライブに行って応援しようよ」「ファンの証のＴシャツを作ろう」「イベントをやろう」など、ファンたちが積極的に行動を起こすことで、応援は活発になり、経済も活性化する。応援が市場形成をするのだ。

「モノ」から「コト」、そして「参加」へ

２点目としては、最近よくいわれる、「モノからコト」という流れだ。興味がある対象を「所有」することから「経験」することへと、消費者の関心が移っている。

もうすでに、生活において必要とするモノは手に入っている。むしろ必要以上のモノに溢れ、逆にモノを捨てる「断捨離」や最低限のモノしか持たないミニマリストの生活に憧れ、モノが少ない生活の豊かさを感じ始めているのだ。モノを買うことよりも、楽しい経験や、思い出をつくることへと関心が移ってきた。

コト消費といっても、旅行や食事といった出来合いのサービスを消費するだけではない。自分から進んで何かをしていくことに楽しみを見出すようになっている。単なる消費者としてではなく、何らかの形で社会的な活動や経済的な活動に影響を及ぼす行動ができるようになってきたのだ。

例えば、何度も例に挙げているＡＫＢ48の総選挙では、自分が買ったＣＤの枚数が好きな

アイドルの立ち位置に影響をする。自分は単なる消費者ではなく、そのアイドルの今後を左右する存在となっているのだ。自分がCDを買うことによって、そのアイドルを「上の順位」へと押し上げ、グループ内の立ち位置をセンターの近くにさせることができる。つまり、自分がアイドルに影響を及ぼすことができる。

ほかにも、自分が書き込んだ意見がもとで新商品が開発されるという例もある。自分がお金を投資して社会的なプロジェクトが動くのと同様に、自分が経済活動の生産やプロデュースの部分になることができるようになった。単なる消費者ではなく、経済活動に影響を及ぼすという「消費者のエンパワーメント（権限付与）」が起こっている。

参加の場として代表的なのは、ブランドコミュニティサイトや、SNSでのコミュニティだろう。そこでは「ユーザーイノベーション」といわれる、消費者が新たな商品やサービスの源となっているものも多くみられる。

また『アナと雪の女王』や『ラ・ラ・ランド』を上映する映画館では、観客が一緒に歌い、コスプレをするといったイベントが流行した。こうした「**参加の文化**」が広まってきているのである。

以上のように、ウェブによってファン同士がつながりやすくなったこと、また、「参加の文化」が広まるようになったことで、応援経済は急速に伸長しているのだ。

3、マーケティングとしての「応援」

関係性の強さと生涯顧客価値

マーケティングでは大きなパラダイムシフトが起きている。「とりあえず市場のシェアを大きくしよう」という考えが、「顧客と長い関係を築いていく関係性をつくろう」という考えになっている。いかに多くの人に買ってもらえるのか、いかに多く売り上げるのかではなく、顧客と１対１の長い付き合いを築き、その顧客との関係性を強くし、長期的な関係を築いていくことを目指していくものである。いわゆる「**リレーションシップマーケティング**」だ。

リレーションシップ（関係性）マーケティングが台頭してきた背景は２つある。１つは、顧客との関係を維持したほうが、ＲＯＩ（費用対効果）が高いとわかってきたこと。そしてもう１つは、１対１の関係をつくるのに必要となる顧客の購入履歴、コミュニケーションの履歴、行動の把握、商品情報などを蓄えておくために必要な、データベースの技術やデータを分析するための技術やアプリケーションの進化だ。

それでは「応援」はマーケティング活動において、どのようなメリットがあるのだろうか。話をわかりやすいように単純にして考えてみよう。

ここでは、企業が顧客のことを「わからない誰か」ではなく、他の人と区別して考えることができて、その顧客に対して、その人に合ったコミュニケーションが行えるとしよう。また、消費者とその企業やブランドへの関係性も、「思い入れがある」ということにして話を進めていきたい。

では、両者の関係性が弱い段階から、関係性が強い段階へと順番に説明していこう。

①関係性がない場合

企業は商品を発売するときに、いろいろと広告を打つなどして商品を知ってもらい、買ってもらうようにしなくてはならない。誰が買ってくれるかわからないから、多くの人に向けてアプローチしなくてはならない。

基本的には、企業がマス媒体を使って市場にアプローチするという一方向のコミュニケーションである。そこで商品は買ってもらえたとしても、誰が買ってくれたかわからないので、個人としての顧客とは関係は築けない。次の商品を発売するときも同じ状態で、誰が買ってくれるかわからない市場に向けてアプローチしなくてはならない。消費者も、その商品に何の思い入れもないので、次にその商品を買うかどうかはわからない。

この場合、1人買ってくれたら利益は1、2人買ってくれれば利益は2、という足し算となる。

②関係が生まれた場合

誰に向けているのかわからないアプローチではなく、個々の顧客をターゲットとするリレーションシップマーケティングを採用し始めた。顧客データベースを整え、顧客との関係を保つプログラムであるCRM（顧客関係管理）を実施。個別の顧客との関係性を築き、2回、3回と買ってくれる関係を築いた。

この段階では、企業が顧客のことを知り、誕生日や記念日にメールやクーポンを送るなど、企業側は顧客に対してアプローチしていく。企業側が顧客に寄り添っていき、顧客を知ろうとするアプローチだ。うまくいけば、その顧客もその企業に対して、愛着を感じ、できればそこで購入したいと思うようになるだろう。

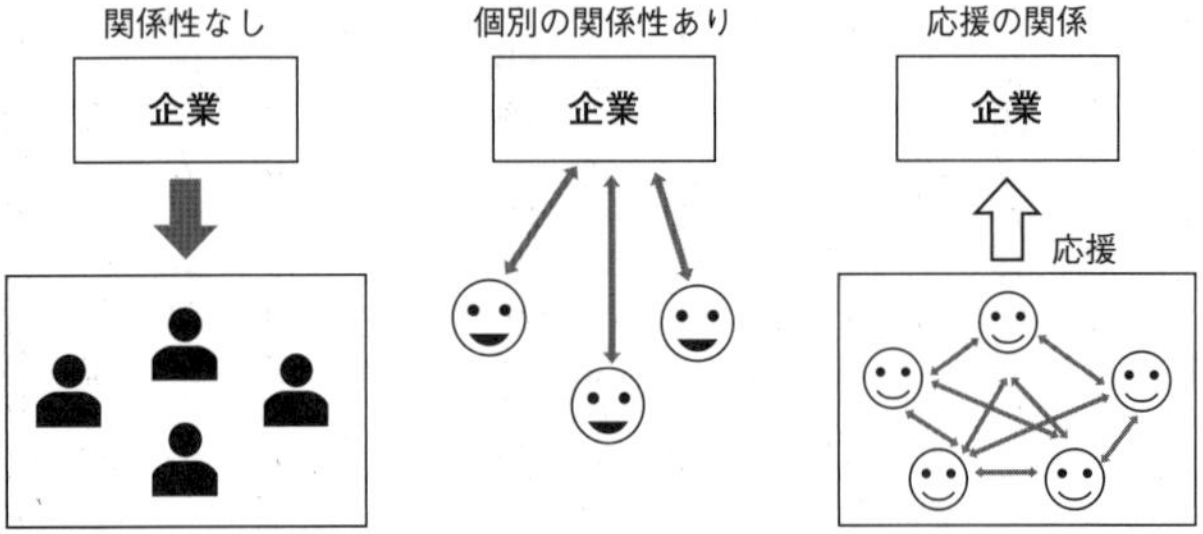

図１

企業は、その顧客が、生涯（別のブランドに移ってしまうまで）の間、どのくらいの利益をもたらしてくれるか、という指標である**生涯顧客価値**（ライフタイムバリュー）を用いて顧客との関係を考えていく。つまり、企業にとっての顧客の価値とは何回買ってくれるか、いくらお金を使ってくれるかによって決まるのである。

③応援する・される関係となった場合

次に顧客側が企業やブランドに対して熱い感情を持ち、ブランドを応援したいと思う関係を考えてみよう。

この場合の顧客は、ブランドを大好きだという気持ちが強く、他のブランドに浮気をせずに繰り返し購入するだろう。また、シリーズを揃える、関連するものも一緒に買うなどの消費行動をするだろう。

また購入者としてだけではなく、そのブランドの素晴らし

「応援者」の存在が支えるブランド

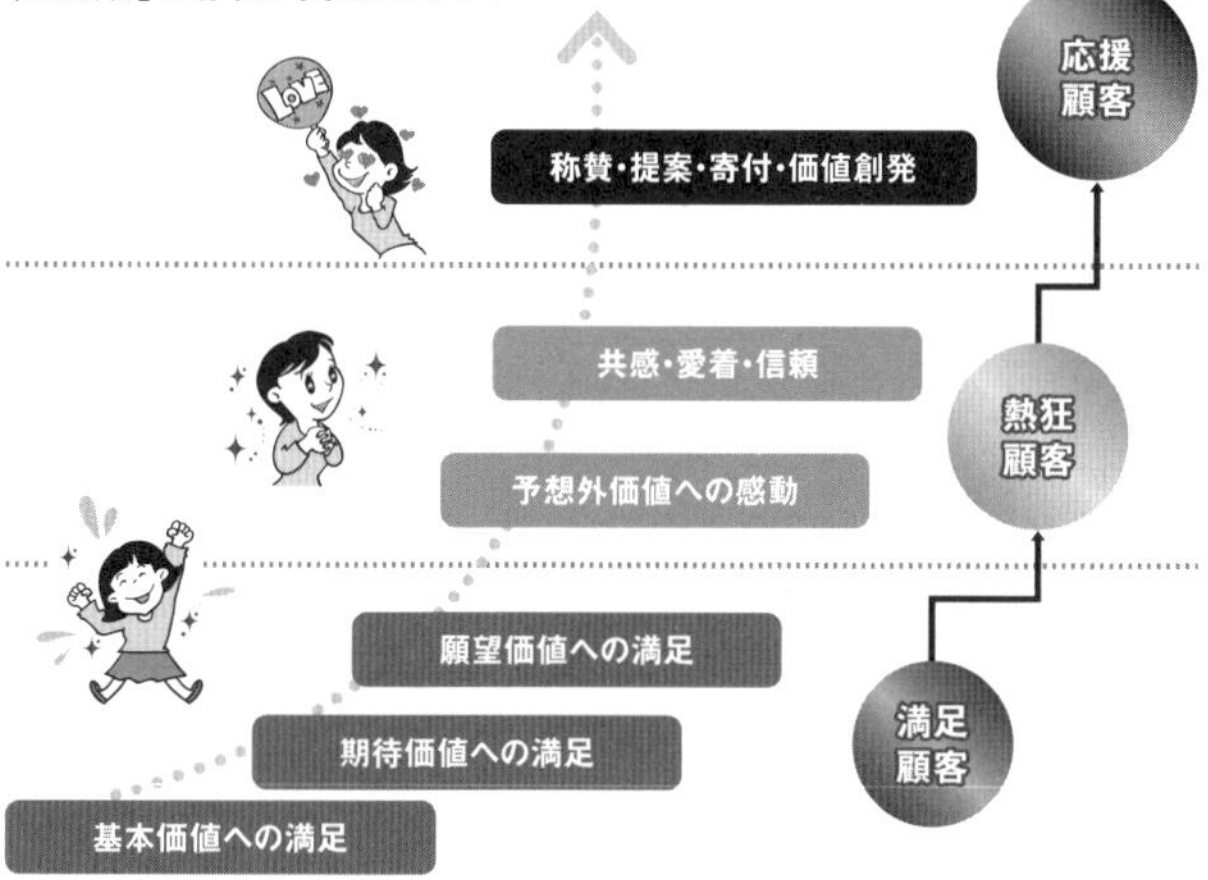

図2

さを友達に伝えたり、ＳＮＳに写真をアップしたりするだろう。クチコミサイトに良いコメントを書き込み、推薦者や宣伝者となってくれる。関連するウェブサイトを作成するかもしれないし、まとめサイトで情報をまとめてくれるかもしれない。コミュニティサイトで他のファンと交流して、使い方のわからない人に企業の担当に代わって答えてくれることもある。

もし、ブランドに不祥事が起こった時は、擁護して復活を待っていてくれる。その間も市場がそのブランドを忘れないように、ＳＮＳに投稿してくれたり、復活を願うキャンペーンを企画したりといったムーブメントを起こしてくれる。こういったリスクマネジメントもしてくれるのだ。

生涯顧客価値で考えてみると、購入によって個人で支出してくれる金額に加え、宣伝し、推薦することで、社会的な影響を及ぼしてくれる価値が加算されたものになっていくのである。

つまり、企業とお客様という関係を超えた、宣伝者、推薦者、扇動者などの関係となっているのだ。彼らは購入してくれた利益という金銭的な価値のほかに、応援してくれる、推薦してくれる、守ってくれる、などの価値をもたらす存在となるのだ。

「顧客」を超えた「応援者」

以上のように、企業と消費者という関係だけではなく、応援してもらうという関係をつくることは、大きなメリットがある。

リチャード・オリバー[6]は、顧客のロイヤルティを4段階に分けて、優良顧客になる段階を明示している。第1段階として、あらかじめ得た知識でそのブランドに対してある程度の好感を持っている認知的ロイヤルティ。第2段階としては、利用、使用して感情的に好きになってきた感情的ロイヤルティ。第3段階としては、何度も購入して次も購入しようと思う行動意欲的ロイヤルティ、第4段階は再購入が続いて本当のロイヤルティとなる行動的ロイヤルティであるとしている。つまり、顧客の行動としては購入のみを考えており、「顧客＝買う人」という考え方だ。

「応援者＝ファン」は、単なる購入者ではない。自らの意思でそのブランドのために力を尽くしてくれる存在であり、一人の消費者よりも、企業にとっては何倍もの価値となる。オリバーの想定していた企業と消費者という関係の図式では、応援者は説明できない。**消費以外の価値をもたらしてくれる応援者は、「ロイヤルティが高い優良顧客」以上の価値があるのだ。**

自ら行動してくれる存在は、単にモノを買って使う消費者以上に強いつながりを持つ。自らの意思でその行動をした結果、その人はそのモノとのつながりをもっと深く感じて、関係からなかなか離脱できなくなる。

これは「情がわく」という言葉や、サンクコストの考え方で説明できる。

サンクコストとは、埋没費用といわれ、すでに支出してしまって、どうやっても回収することができない費用のことである。例えば、あるイベントに出かけるために、電車に乗って

6　Oliver, R.L. (1999) Whence Consumer Loyalty?, *The Journal of Marketing*,63, 33-44

出かけ、イベント開催までの時間を待ったとしよう。その人は、お金と手間と時間をそのイベントに対して支払っている。そのコストはその後、取り返すことができないものである。ということは、そのコストをかけたのであったら、その投資が失敗とならないように、楽しんだほうがいい。そして、これからも応援していこうと思うほうが、自分の選択が正しいこととなる。

つまり、単にモノを買ってもらうよりも、消費者自身の時間、労力といった投資があることで、その対象に対する関係性は深くなり、関係性を継続していこうと思うようになるのだ。応援は消費者サイドからの投資なのである。

能動的な経験

応援は「経験」である。

マーケティングでは、「カスタマーエクスペリエンス」という言葉がある。「顧客が体験する様々な経験を価値あるものにする」[7]ために、顧客に良い経験を提供し、リピート率や購入を増やそうとする考えだ。消費者は経験の受け手となるのである。

一方、**応援は、消費者が経験のつくり手となる。**顧客が能動的に動いてくれるので、与えられた経験を受け取った経験より、強い結びつきが生まれる。

応援を味方につけてビジネスに活かす（＝応援マーケティング）ことは、顧客を使っていくという点では、「インフルエンサーマーケティング」や「アンバサダーマーケティング」に近いように思うかもしれない。しかし、本書での取り上げ方は大きく異なる。

まず、インフルエンサーマーケティングは、有名人や芸能人といった、インフルエンサーと呼ばれるSNS上での影響力を持つ人たちを活用していこうとするものである。これは単に、インフルエンサーの影響力を道具として使って情報のリーチを広めていこうとする方法だ。

一方、アンバサダーマーケティングは、有名人ではなく一般のファンを使っていくというものである。まずアンバサダー（大使）といわれるファンを見つけ出し、クチコミをしてもらうことで情報の展開を狙っていくものである。応援を活用しようということでは本書の内容と近いが、ファンを活用する方法ではなく、ファンになってもらう方法に焦点を当てている。

7　バーンド・H・シュミット、嶋村和恵・広瀬盛一（訳）（2000）『経験価値（エクスペリエンシャル）マーケティング：消費者が「何か」を感じるプラスαの魅力』ダイヤモンド社認知を高める、買ってもらうというのではなく、どうしたら自分たちで応援したいと自発的に行動をしてもらえるのか、応援をレバレッジとしてビジネスに活かせるのかを考えていきたい。

【ケースインタビュー①】

多様なファンが急増する将棋の世界——日本将棋連盟職員・Nさん

将棋を自分でプレイするのではなく、プロ棋士の対局を観ることに情熱をかけるファン「観る将」が急増している。他にも、棋士や将棋催事の写真撮影に比重を置く「撮る将」、将棋関連の本や記事を読むのが好きという「読む将」、盤駒や将棋グッズを買い求める「買う将」など、その楽しみ方は多様化している。

最近のネット中継が「観る将」のきっかけをつくったと考えられているが、棋士がアイドル扱いされ始めたのは、羽生善治氏（永世七冠王）が台頭してきた1990年代あたりからである。その羽生さんの最初の「追っかけ」であり、それがきっかけで日本将棋連盟に就職してしまったNさんにインタビューした。

◇

――羽生先生の大ファンだったことがきっかけでこの世界に入られたと伺っております。そのあたりの経緯についてお聞かせください。

たまたまつけたテレビの特集番組で、当時竜王を獲得されたばかりの羽生善治先生を拝見し、ひと目でファンになりました。姿形や立ち居振る舞いだけではなく、突出した技能を持つところに強く惹かれました。ただ、応援するにしてもどうすればよいかわからず、とりあえず日本将棋連盟の機関誌『将棋世界』を定期購入するくらいでした。

その後、トーナメント戦決勝の対局があると知り、羽生さんに花束を差し上げたいと思って将棋連盟に電話をしたところ、「もしかすると渡せるかもしれない」というお返事を頂いたので、千駄ヶ谷の将棋会館まで足を運びました。当時、若い女性が将棋会館をうろつく姿は大変珍しかったのでしょう。関係者の方がわざわざ対局室まで案内をしてくれ、感想戦終了後の羽生先生に無事花束を渡すことができました。

大学卒業後は印刷会社のデザイン部門で働いていたのですが、将棋の世界への魅力を断ち切れずにいたところ、たまたま日本将棋連盟の職員募集の広告を見かけました。そんなご縁で、将棋連盟職員として再スタートしました。

――棋士に萌えるといいますが、どのあたりに萌えるのでしょうか？

1つは和服です。大学で日本画を専攻していたこともあり、日本文化の深みということに大変魅力を感じています。この和服を着て、タイトル戦では長ければ2日間、ずっと座って一つのことを考えているという非日常的な感じが好きです。もっとも、最近ではスーツをおしゃれに着こなすプロ棋士も登場し、ファンの幅を広げています。

2つ目は棋士の指先ですね。これは女性特有の観察眼かもしれませんが、プロ棋士の綺麗な指先が好きという人は、意外と多いようです。

――ご自身で将棋を指すことは？

当時の羽生先生は、バレンタインデーにたくさんのチョコレートが届くほどの人気でした。私も羽生先生の世界に近づきたいという一心から、詰将棋の本を買って問題を解くようなことをしました。しかし将棋そのものは少しも上達せず、駒の動かし方を覚えた直後、父にボロ負けし、その後指すことはしていません。そういう意味で私は、プロ棋士の対局を観ることに情熱をかける「観る将」の走りかもしれませんね。

羽生先生と仕事で接していますと、イベント用色紙へのサインなど即座に対応してくださり、大変尊敬しています。現在では、羽生先生をはじめとする棋士の方の人間性や、将棋に対する真摯な姿勢に興味を持っております。

——今では将棋ファンの形が多様化しています。こうした状況の中でどのような普及策が有効とお考えでしょうか？

最近では棋士を応援する方法が大変ユニークになりました。先日、加藤一二三先生のフィギュアを製作した女性がいたのにはびっくりしました。ただしこの人形は当の加藤先生にではなく、彼女が応援している別の若手棋士にプレゼントしたのです。その棋士は大盤解説の時、ヒフミン人形を持って加藤先生の物真似をしながら解説をしました。もちろん会場は爆笑、大受けでした。それにしてもクリエイティブな応援の仕方ですよね。

今日《こんにち》、インターネットが普及したため、毎日将棋の対局を観ることもできます。現在は連盟職員として、広い層、若い女性にも知ってもらうよう普及活動に努めています。最近では将棋を題材としたアニメの人気や、藤井聡太四段の活躍など、棋界に対する話題も豊富で、追い風が吹いていると感じています。

ただ私が美術を専攻していたせいもありますが、棋界全体のデザイン性をもう少し高めていくと良いかなと感じています。将棋の書籍の装丁は渋いので、女性が手に取ろうという気がなかなかしません。グッズなども、女性が好んで手に取るようなデザインが増えるといいのではないでしょうか。

私の場合は、テレビで羽生先生を見たのがきっかけでしたが、たとえ入口はそういう浅いものであっても、将棋の奥深さ、伝統文化の良さ、真剣に一つのことに集中する姿、タイトル戦の緊迫感……こうしたものに触れ、本質的な面の素晴らしさに感動するからこそ熱狂的なファンになるのではないかと思っています。

◇

棋風や戦績以上に、棋士の対局姿や立ち居振る舞いといった、アイドルやスポーツ選手に通じる評価基準を将棋に持ち込んだのが「観る将」だ。将棋界には、こうした人たちをその先の深い世界に誘う〝次の一手〟が求められている。

第2章

応援経済が進行している

1、応援の分類

それでは具体的に、応援にはどのような種類があるのか、応援を分類してみることから始めてみよう。

①声援

まずは伝統的な応援である、声援だ。野球の試合を観て声をかける、コンサートで声援を送るなどである。一般的な「応援」という言葉からイメージするものであろう。

試合やライブを観ながら、声をかける声援はもちろんのこと、実際に同じ場所にいなくても、パブリックビューイングやライブビューイング、ネットでの配信でも声援が送れるようになった。

声援は基本的には、リアルタイムで起きていることに対して応援するものであるが、同じ時間を同じ空間で体験することの価値は、貴重なものとなっている。同じ曲を聴くのでも、CDで聴くよりもライブや音楽フェスで現場の音を聴きたい、テレビ中継で見るよりも、コンサートホールにミュージカルを観に行きたい、と同じ空間で体験したいという気持ちは広まっており、ライブによるエンターテインメント市場は高水準で推移している。[8]

一方、実際にその場で行われていないものに対しても、声援を送る環境が整ってきている。例えば、実際には存在しない映画の中の登場人物に対して、声援を送ったり、ペンライトを振ったりして応援しながら映画を観る「応援上映」だ。映画館で映画を観る時は「上映中はお静かに」というのが常識であったが、応援上映会では、声援、コール、サイリウムすべてOK。みんなで盛り上がって映画を観ようというものである。

インド映画を上映する時にも、映画に合わせて踊ったり、歌ったり、紙吹雪をまいたりする「マサラ上映」という鑑賞スタイルもある。もともとアニメから盛んになった応援上映の動きは、実写映画へと広がっている。単に静かに鑑賞するというよりも、一緒に応援を体験するようになってきたのである。

実際に声を出して応援するものだけではない。SNS上での投稿に対して「いいね！」をしたり、コメントを書き込んだりするのも、声援と同じように考えられる。例えば、テレビ

8　ぴあ総研（2017）『2016ライブ・エンタテインメント白書』ライブ・エンタテインメント白書調査委員会

で試合を鑑賞しながら、ツイッターで「頑張れ」とつぶやく。そのツイートがリツイートされたり、他の人も「頑張れ」とツイートしていたりするのを見ると、一緒に応援している感覚となる。また、その声援がSNS上でつながっている人たちの目にも触れることにより、その応援がさらに広がっていくのである。

スポーツやアーチストだけに対するものではなく、商品や場所などに対するクチコミも大きく考えれば声援と考えられるだろう。この商品が良かった、この風景が素敵だったなどの書き込みや、キレイな写真の投稿などもSNSでの声援と考えられる。

②経済的な支援、購入

東日本大震災の後、被害を受けた場所のものを購入しようという動きから生まれた「応援消費」や、自分が応援したいと思っている自治体へ税金を納める「ふるさと納税」、開発途上の国の生産者を支援するフェアトレードの商品の購入など、経済を循環させていくことによる応援も広がっている。

これは、買い物をすることが社会的支援につながるという、参加しやすい社会的な活動である。寄付とは違い、ふるさと納税は納めなくてはいけない税金、フェアトレードは必要なものの購入という、**自らが経済的に損にならなければ、社会的支援ができるほうがいいという思いから生まれる行動**で、社会的な意識によって動機づけられることが多い。

寄付でなく、購入することが社会貢献につながっているということでは、コーズ・マーケティング（コーズ・リレーテッド・マーケティングとも呼ばれる）もこのカテゴリーに入るだろう。コーズ・マーケティングとは、売上の一部を社会的な意義（コーズ）のために使用し、社会に貢献するソーシャルマーケティングである。代表的なものとして、ミネラルウォーターのボルヴィックが行った「1ℓ for 10ℓ」がある。これは、ボルヴィックの商品が1リットル購入されると、アフリカのマリ共和国できれいな水が10リットル生まれるというものである。日常の購買行動が社会的な支援となることで、取り組みやすい応援である。

③ボランティア

経済的な支援が、お金の流通によって応援するものであるのと比べ、ボランティアは社会的なことに対する応援を自分たちの力を使っていこうとするものである。被災地へのボランティアや、オリンピックをボランティアとして応援する、手助けしたいＮＰＯに協力するという、自分の力を注ぐものに加え、ソーシャルデザインやソーシャルグッドといわれる、社会が良くなる仕組みをつくっていくものなどがあろう。経済的な支援ではなく、実際に自分たちで仕組みをつくったり、労働をしたりというように、自分たちの行動が伴うものである。

ボランティアの枠組みをキャンペーンやプロモーションと結びつけることもできる。トヨタのハイブリッド車「ＡＱＵＡ」のキャンペーンはその一つだ。ＡＱＵＡユーザーやトヨタ社員だけではなく、その地域に住む人たちに呼びかけて、様々な環境保全活動を行い、社会的な活動をブランド育成に結びつけている。例えば、水や野生動物を守るために清掃を行ったり、広葉樹を植えたりなど、ボランティアをプラットフォームとしてブランドを築いていこうとする試みである。

④同志による交流

今や世界中から参加者が集まる「コミケ」こと「コミックマーケット」は、アニメやゲームのファンたちが集まり交流する場として知られている。アニメやアイドル、映画、自動車、ＰＣ、ゲームのファンたちの集団、「ファンダム」が多く形成されている。サブカルチャーだけでなく、地ビールを愛する会、村上春樹を読む会、バラを育てる会など、いわゆる同好の士たちの交流は広く行われている。

ファンから自発的に起こったものではなく、企業がいわゆる「ブランドコミュニティ」を準備し、そこでの交流によりファン同士の交流が行われていることも多い。アメリカを代表するバイク、ハーレーダビッドソンのコミュニティ（第3章で後述）や、GPU（リアルタイムの画像処理プロセッサ）のNVIDIAのコミュニティなど、企業が準備したコミュニティにおいてファンたちが熱心に交流を行う。そこでユーザー同士が情報交換し合い、疑問やトラブルを解決している。

このように、ブランドコミュニティでの交流を活用しているブランドや企業は増加傾向にある。

⑤クラウドファンディング

お笑いコンビ、キングコングの西野亮廣《あきひろ》が自分で絵本を作成するにあたり、クラウドファンディングを利用し1億円以上集めたというように、資金集めにクラウドファンディングを活用するケースも増えてきている。クラウドファンディングとは多数の人たちが、ある提示された目的（新商品を開発する資金が欲しい、地域活性化のためにイベントをやりたい、など）に対して、資金を提供することである。

クラウドファンディングは、３つの種類に分かれている。新しい事業を始めようとする企業を応援するために投資をし、成功した後にはリターンが受け取れる投資型クラウドファンディング（ソーシャルレンディング）、モノやサービスを購入することによってその売上が支援につながる購入型クラウドファンディング、金銭的なリターンではなく、そのことに共感し、応援したいという気持ちでお金を提供する寄付型クラウドファンディングがある。寄付型クラウドファンディングが寄付と違うのは、集まったお金がその後、どのように使用されたのかという活動報告書を見ることができることだ。

第１章で述べた映画『この世界の片隅に』は、太平洋戦争中の広島の呉に嫁いだ女の子を主人公としたものであり、派手とはいえない内容であったが、原作ファンを中心にクラウドファンディングで資金が集まった。

クラウドファンディングは、新商品の開発、イベントの開催、地域振興など幅広い分野で使われている。投資することによって、**一時だけの関係ではなく、その後の進展を見守り、未来へと続いていく関係**をつくることができる。

⑥追体験、関連消費

海外からの訪日観光客が年々増えている。観光の目的として近年、アニメの舞台やドラマのロケ地を訪問するという「聖地巡礼」が多くなっている。

この行動は、原作が好きだからその舞台を訪れたいというファン心理によるものだ。その結果、その場所では観光経済が活性化し、インバウンド経済の目玉となっている。また、宗教的な聖地巡礼が信仰心を強めるように、アニメや映画の聖地巡礼も原作への忠誠心を高める。わざわざその場所を訪れたことがより一層、原作への結びつきを強める。

また、その裏にはアニメやドラマの主人公と同じ行動をしたい、追体験をしたいという欲求がある。好きな人と同じ行動をしたいという意味では、好きなアーチストの曲を歌ってみたり、踊ったりしたものを録画してユーチューブ上にアップする「踊ってみた」「歌ってみた」という行為も追体験といえるだろう。好きなワインのワイナリーまで旅をしてみる、好きな球団のユニフォームを着るなども、追体験の一部といえるであろう。

好きになったものについては、関連したものまでも欲しくなる。例えば、アップルのファンはＰＣだけでなく、アップルウォッチのような周辺アイテムだけでなく、アップルのロゴが入ったＴシャツやバッグなども購入したくなる。こういった関連消費も応援行動の一つだ。

⑦二次創作、アレンジレシピ、ユザージイノベーションなどの市場での創作

コミケで売買されているものの多くは、「二次創作物」といわれる、原作のキャラクターを使ってファンが新たにつくり出した小説やマンガ、フィギュアだ。それらはファンアートとも呼ばれており、この市場は年々大きく広がっている。[9] 二次創作物が注目されると、そのオリジナルにも注目が集まり、また、二次創作が広がるという連鎖が広がっている。

これは、アニメやゲームなどフィクションの話だけではない。食べ物でも、自分の好きな食品を自分なりにアレンジし、それをSNSに投稿することで広まっていく。例えば栃木県に本社がある「フタバ食品」の「サクレレモン」というレモンの輪切りが載ったかき氷がある。そこにウイスキーを注いで、水割りにして飲んだり、炭酸水を入れて飲んだりするなどのアレンジがツイッター上で広まっているのだ。これは商品の新たな使い方を生み出す、ユザージイノベーション（usage innovation）と呼ばれるもの。氷やチョコレート型として売り出された、無印良品のシリコントレーが、アクセサリー作りに便利であると広まったのもこの一例だ。実際に使ってみた人ならではの新たな発見である。

二次創作にしろ、ユザージイノベーションにしろ、**オリジナルをアレンジして広めること**

で、オリジナルがさらに広まっていくという連鎖を生み出している。

以上のように、一口に応援といっても、多種多様の方法があることがわかるだろう。

2、消費者の応援行動が生み出す価値

応援は多くの現象を生み出している。消費者が自発的に動いていくことによって、市場が形成され、経済が動き、それらの応援行動は、市場に様々な価値を生み出している。

次は、応援がどのような価値を社会に生み出しているのか。それらを少し掘り下げてみたい。応援による価値は、大きく分けて７つに分類される。順を追って説明していこう。

①レピュテーションをつくる

まず挙げられるのは、応援がレピュテーション、つまり評判をつくり、市場の雰囲気づくりをしてくれるということである。

9　矢野経済研究所の２０１５年の調査によると、同人誌市場は７５７億円となっている。

プロ野球の広島カープを応援する女性たち、「カープ女子」はその一例だ。広島カープの赤いユニフォームをかわいらしく着こなして応援する彼女たちの姿が注目され、応援する人たちがブランドとなった。このように応援する人たちが注目されると、応援される対象が「流行っている」「すごい存在である」という、浮揚感をつくり出すことができる。フィギュアスケーター・羽生結弦選手の追っかけの「ユズリスト」、特に関東地方で絶大な人気を誇るラーメン店「ラーメン二郎」のファンの「ジロリアン」でも同様である。応援する人たちの集団が一つのカテゴリーとして認められると、ファンたちの声援によって、「さすが羽生結弦君だな」というお墨つきが得られることとなるのだ。

ネットワーク理論の社会学者、ダンカン・ワッツが『偶然の科学』[10]の中で紹介している、彼らの実験を紹介しよう。ワッツらは実験のために、無名のバンドの曲を集めたウェブサイトをつくり、曲を聴いて、採点して、望むならダウンロードしてもらった。そこで明らかになったのは、ダウンロード数が何回かという情報があると、その影響を受け、人気があるものをダウンロードし、人気がないものは一層人気がなくなるという結果である。

ここからわかるように、市場で誰かが「これがいい」「これが素敵だ」という意思表示をして行動をすることは、社会的影響を市場に及ぼす。自分がいいと思ったものを純粋にダウンロードするのではなく、他の人の意見の影響、社会的影響を受けているのだ。つまり、他の人が良いと言っているものは社会的影響の源となり、そのブランドにいいレピュテーション、そしてトレンド感をつくり出していくのである。

②おすすめ（リコメンデーション）

私たちは友達や知り合いに「このお店が美味しい」「この商品がすごく素敵だ」などと日常的に言っている。これはいわゆるクチコミ行動である。友達にだけでなくても、レビューサイトやＥＣサイトにいいクチコミを投稿することもある。

現在、購買において影響力が最も強いのは、クチコミといわれている。自分の場合を考えてみても、わかるだろう。外食をする時、化粧品を購入する時、映画を観に行く時、家電を買う時にはクチコミサイトやレビューサイト、予約サイトのクチコミをチェックしてから購入を決める。インターネット上のクチコミがとても大きな力を持っている現在、良いクチコミをしてくれることは、企業やブランドにとって、非常に大きな応援となる。

10　ダンカン・ワッツ、青木創（訳）（２０１４）『偶然の科学』ハヤカワ文庫ＮＦ〈数理を愉しむ〉シリーズ

③応援消費文化、ファンダムの生成

サッカー日本代表の応援団である「ウルトラス・ニッポン」は応援の際に歌う多くのチャント（応援歌、コール）を生み出している。代表例である『バモス日本』や『アイーダ』などは、メロディを聴くだけで「サッカーの応援」だとわかるだろう。

ジャニーズのファンたちは、コンサートでの応援の際に、「ピースして」などと書かれたうちわを持って応援する。運が良ければ、そのアイドルが通称「ファンサ」（ファンサービスの略）で応えてくれる。宝塚歌劇団のファンは、お揃いの「会服」と呼ばれる服を着て劇場の出口近くにきちんと整列をし、その役者さんが劇場から出てくるのを見送る、いわゆる「出待ち」を行う。並び方やプレゼントの渡し方にもルールがあり、宝塚ファンの文化をつくっている。

近年、隆盛の「地下アイドル」（比較的小さな会場でライブを行っているアイドルなどの総称）を応援する際も、サイリウムや「オタ芸」での応援、有料での「チェキ撮影」といったルールができている。また、先述のように、ペンライトやうちわを持ち込み、声援しながら映画を観る「応援上映」も定着してきた。アニメの舞台を巡る聖地巡礼も、すっかり定着

し、海外からの聖地巡礼ツアーも数多くみられる。

この独自の文化は、消費者が応援することで生み出したものであるが、それぞれの独自の型ができ、**それに参加することで、さらにファンとしてのアイデンティティを強め、関係性が強くなる**。ジャニーズファンが手作りのうちわを作って応援することで、自分を「ジャニーズのファン」と認識するようになると、さらに関係性は深まるのである。

この文化はサブカルチャーだけに限らない。主に関東で熱狂的なファンを持つラーメン店「ラーメン二郎」では、「天地返し」などの独特のラーメンの食べ方の作法が出来上がっている。「二郎はラーメンではない。二郎という食べ物なのだ」というほどの、熱狂的なファンをもつラーメン店であるが、この二郎に魅せられた人たちが、「二郎インスパイア系」と呼ばれるラーメン店も展開しているように、二郎経済圏は広がりつづけるのである（第3章で詳述）。

特にテレビや映画などのエンターテインメント作品や、スポーツ選手やチームへのポジティブな深い感情的なつながりから生まれたファン文化のことを、「ファンダム」と呼ぶこともある。その世界の応援の文化が生まれ、その文化を取り入れていくことで、「○○ファン」

というアイデンティティが生まれていく。そこで「仲間意識」が生じ、コミュニティへと発展していくのだ。

ファンダムの文化が生まれると、そこに新たな行動様式（応援の方法、ラーメンの食べ方、ファンがつけた愛称など）ができる。その行動様式に従っているうちに、「私は○○のファンだ」というアイデンティティが強くなり、ロイヤルティが高くなっていく。

④ブランドの育成と保護

ファンが多くのクチコミをしてくれ、クチコミによる評判が、ブランドを育ててくれる。クチコミによって、ブランドが多くの人に知られるようになっていくのである。また、クチコミをした人は、ブランドとのもっと強い絆ができて、さらにファン度が強まるのである。

ブランドに何か問題があった時には、ファンたちはブランドを守ってくれる。２０１４年、「まるか食品」の「ペヤングソースやきそば」に異物混入が発覚し、販売を中止する事態があった。そんな逆境においても、ペヤンガーと呼ばれるペヤングのファンたちがＳＮＳに復活を熱望する声を投稿するなど応援を続けたことで、「再販が待望されるペヤング」という雰囲気が存続していたのだ。その後、販売が再開され、今もファンに愛されている（１１

5ページにて説明)。

このように、**ファンはブランドを育て、リスクマネジメントもしてくれる**のである。

⑤ファンコミュニティによるCRM、サポート

アップルのファンが集まるウェブサイト、Appleサポートコミュニティでは、好きな製品についてのコメントが多く寄せられ、意見の交換が行われる。好きな製品やブランドに対して熱く語り合うことによって、より一層、そのブランドに対する好意は強くなっていき、その結果、ずっとそのブランドのファンであり続ける。ブランドを体験する中に、仲間とのコミュニケーションや交流での楽しさが加わっていくことで、よりブランドへの気持ちが強まるのである。

コミュニティが生まれると、企業としても多くのメリットがある。その一つがファン同士がお互いにサポートし合うというものである。使い方がわからない、買い替えはどうしたらいいか、などお互いにわからないことを質問するとファン同士が答えて教え合ってくれる。ファンの居場所をつくることによって、製品に対するロイヤルティだけではなく、人間関係を築き上げていく。このことでファンとブランドとの関わりがより深まり、長く続くように

なる。いわゆる「CRM」（顧客関係管理）の場として、コミュニティが作用するのである。

⑥イノベーションの創発

コミュニティが育成されると、ファン同士の交流が生まれることは前項で述べた。そこから、「この商品はこうなったらいいよね」という新しい商品のアイデアが出てくるのがイノベーションの創発だ。ファンが新商品や新しいサービスのアイデアの源泉となっている。

スターバックスの「マイスターバックスアイデア」では、スターバックスのファンが「こうなってほしい」「こんな商品が欲しい」というアイデアをスターバックスに提案でき、それに対するスターバックス側の意見を閲覧できるという、ファンとともに価値をつくり出しているSNSである。ここから、新しいケーキの味や、今では当たり前のようになっている無料Wi-Fiの設置、またウェブに登録されたスターバックスカードでの支払いによってポイントが貯まる、リワードプログラムなど新たな価値が生まれている。

日本での代表的なものは、良品計画の「くらしの良品研究所」といったコミュニティであろう。書き込まれたアイデアをもとに改良が加えられ、その商品の購入希望者が一定数となるったら、商品化されるものである。このコミュニティは、「人をダメにするソファ」といわれるほど、座り心地のいい「体にフィットするソファ」や「持ち運びできるあかり」などのヒット商品を生み出している。

企業だけで商品開発をするのではなく、消費者に参加してもらい商品開発を行う「**顧客参加型商品開発**」が、今や大きな潮流となっている。しかし、参加してもらうためには、そのブランドのファンでなければならないだろう。マイスターバックスアイデアに投稿をするのは、スターバックスのことが好きだから、スターバックスにもっといい場所になってほしいというファンの気持ちから生まれてくる行為である。ファン発のイノベーションは、生活の中で使っているうちに生まれてくる価値、思いの強さから生まれてくる価値を伴っている。これは企業の内部からは出てこない価値である。

⑦利他的行動の促進

応援消費やボランティアのような被災地などへの支援活動、クラウドファンディングのような経済的支援や投資。困っている人たちや、他の人たちの夢に対する支援という、直接自分の利益にならないことに対しての行動が促進される。

もちろん、ボランティアや募金活動は、昔からあった行動であり、目新しいものではない。しかし、インターネットの進展によって、利他的な応援行動が簡単にしやすい環境が整備された。

例えば「Yahoo!ネット募金」などのように、ウェブサイト上で簡単に募金ができるようになった。また、クリックするだけ、検索語を入力するだけで募金できるような仕組み、毎月継続的に募金できる仕組みなどが登場してきて、応援がとても容易にできるものになってきた。

それは、単に利他的行動がしやすくなったということだけでなく、利他的な行動を通して、社会的な活動とブランドを結びつける仕組みが整ったということでもある。例えば、通信販売会社「フェリシモ」は世界中の子供たちにぬいぐるみを届ける「ハッピートイズプロジェクト」を行っている。これは、ぬいぐるみの型紙を販売し、その型紙をもとに顧客が作ったぬいぐるみが難民キャンプなどに送られるというものである。ぬいぐるみを作成する、手芸という趣味によって社会貢献ができる。そして、キャンペーンの主催元であるフェリシモは、子供たちに夢を届ける活動によって、「世界の子供の幸せを考える企業」というブランドを組み立てていくことができるようになったのである。

ファンの応援行動が生み出す価値

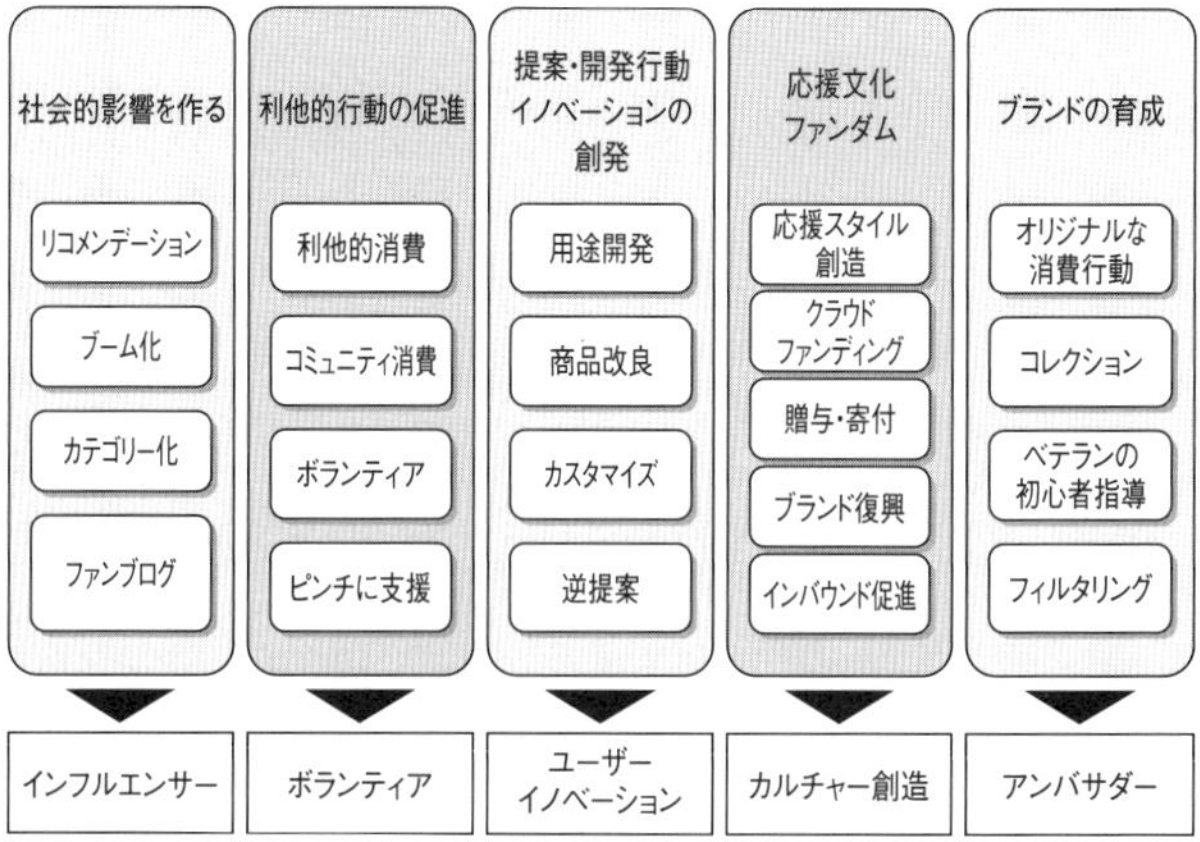

図３

「市場ニーズへのフィット」から「個性の追求」へ

応援経済の進展は、新たな文化や経済への影響を生み出している。

応援することは行動することである。ビジネスの現場、特にマーケティングにおいて、モノを買う人、つまり「消費者として考えられていた人」を、応援者、すなわち「ブランドのために行動してくれる人」と、捉え直すことは、自分の仲間を増やし、味方をつくる。相手は、攻略して買ってもらう対象ではなく、仲間なのだ。この考え方によって、マーケティングのパラダイムが大きく変わってくる。

応援したい、つながりたいという気持ちを抱いてもらうための仕組みは、今までのマーケティングで考えられてきた、買ってもらうための「顧客満足」やリレーションシップとは異なるだろう。

大きく異なるのは、今までのマーケティングで大きな流れであった「消費者のニーズに合わせる」という〈市場ニーズへのフィット〉と、「自分たちらしさを追求しよう」という〈個性の追求〉とのバランスだ。決して、顧客のニーズを無視することではないが、自分たちらしさ、自分たちの個性を前面に押し出して、自分たちの個性を好きになってくれる人たちにだけ応援してもらえればいい、という姿勢であろう。**「全方位的なアプローチ」から、「ついてきたい人だけついてきてくれればいい」という姿勢への変化だ。**

それでは、「ついていきたくなる」企業とはどのようなものか。第3章、第4章で見ていこう。

【ケースインタビュー②】

鉄道のファンビジネス――いすみ鉄道・鳥塚亮社長

いすみ鉄道は千葉県の南房総を走るローカル鉄道である。赤字路線だった国鉄木原線を引き継いだ第3セクター方式の鉄道であるが、第3セクター化以降も赤字が続き、何度も廃線の危機に瀕してきた。そして、赤字が続くいすみ鉄道再建のために行われた社長の一般公募から選ばれたのが、鳥塚亮氏である。鳥塚社長は、就任して以降、自分の名前を刻める枕木オーナー制度、駅名のネーミングライツ導入、ムーミン列車、昭和の国鉄形気動車キハでのレストラン列車、訓練費自己負担で鉄道の運転士になれるなど、新たな施策を打ち出してきた。観光の目玉となるランドスケープが少なく周辺人口も約3万人、という過疎地域にあるローカル路線、いすみ鉄道を黒字化することに成功している。

◇

――はじめに、いすみ鉄道のあり方を教えてください。

いつも考えているのは、いすみ鉄道の存在の意義です。ローカル鉄道は「地域のトータルデザインのツール」と位置づけられると思っていますので、いすみ鉄道ではなく、地域の利益を最優先に考えています。鉄道はインフラですから、その地域を利するようにするのがインフラの使命です。

◇

いすみ鉄道が位置するのは、南房総といっても海に面した地域ではなく、春には菜の花畑が広がるが、有名な名所旧跡がある場所でもない。観光路線というよりも、住民の足であったローカル鉄道を観光のインフラとして位置づけるために行ってきたのが、レストラン列車などの様々な施策である。レストラン列車は「伊勢海老特急」という。地元の旅館に車内で出す料理を提供してもらっている。このことで、旅館の利益や地元の利益にもなる。

◇

――観光地としての集客は難しいのでは？

確かに、観光地としては弱い地域であり、自然と集客できるわけではありません。だから、観光を目玉にしている鉄道と並んで考えることはしていません。

テレビの特集を参考にしたり、ガイドブックを読んだりして「どこへ行こうかな」と行き先を考える旅行者が９割だとすると、我々は残りの１割をターゲットとして考えています。それは、ガイドブック頼みではなく、自分たちなりの旅を探してみたいという人たちです。自分たちの目で「へえ、こんなのがあった！」と発見できる人たちで、ガイドブックを追体験する旅行を求めていない人をターゲットと考えています。

そんな方々に、一度この地域に来ていただいて、「また来たいな」って思っていただく「この地域のファンをつくるためのインフラ」が、いすみ鉄道だと思っています。「素材ビジネス」とでもいいましょうか。我々も少ないキャパシティですので、運行業務だけでも手一杯です。私たちは観光の「素材」を提供します。私たちがターゲットとしている人たちは、自分たちでその「素材」を調理できる人となりますね。ですから、ローカル鉄道ファンが一回乗って終わり、というのではなく、「また乗りたくなる」「またこの地域に来たくなる」仕組みづくりを絶えず考え、情報発信しています。

◇

鳥塚社長のブログは約２万人の読者を持つ人気ブログであり、毎日、丁寧な情報発信を欠かさない。そこでは、今、いすみ鉄道が何に取り組んでいるのか、今日、何をしたのかが毎日毎日、楽しい読み物として提供されている。アクセスすれば、いつも何かに取り組んでいることがわかるだろう。

いすみ鉄道が愛されるローカル鉄道となっているのは、一度乗ったという経験を与えるだけの鉄道ではなく、何度行っても、何か新しいことをやっているという常にチャレンジしている姿勢にあるといえる。従来の「鉄道業者」の枠を超えて、鉄道をプラットフォームとして、遊び心満載のチャレンジが繰り広げられている。ただ乗るだけの鉄道ではなく、枕木のオーナーとして参加できる場、レストランの客として楽しむ場、運転士になりたい夢をかなえられる場としてなど、様々な形で鉄道を活用している。

このような取り組みによって、鉄道に興味がない人やその地域に特段の思いがない人とも何かしらの接点を持つ可能性ができて、鉄道会社と新たにいろいろな人とがつながる確率が高くなるのである。多種多様な人たちが、違った形でいすみ鉄道とのつながりを持つということだ。

◇

――どんなお客様とつながっていきたいですか？

この地域がいいと思ってくれる人たちをつくっていきたいです。地域の付加価値として鉄道があって、その付加価値を地域が享受するというサイクルを回していければと思っています。

◇

いすみ鉄道が走っている地域では、「ガンバレ　いすみ鉄道」と書かれた自動販売機が目立ち、いすみ鉄道が地元に応援されているのがよくわかる。地元がいすみ鉄道を応援し、いすみ鉄道が地元を応援するという相互応援の仕組みが地域に成立している。そして、その地域を外に向けてアピールする応援団長がいすみ鉄道なのだろう。

第3章　応援されるブランドの類型と特徴

本章では熱い応援を受けている、あるいは熱狂的なファンを持つブランドの具体的な事例を見ていきたい。ただケーススタディというと、成功事例を「後づけ」で法則化し、それがあたかもすべての企業で応用されるかのように示される点には批判もある。本書ももちろん、そうしたアプローチを脱し切れているとはいえないが、次善策としてケースの類型化を図ることで、読者自身の所属組織と何らかの共通項を見出せる工夫を試みた。

これまで見てきたように、応援にも様々な動機やスタイルがある。能動的なものもあれば、心に秘めながら静かに見守る応援もあるだろう。

そこで、顧客がブランドを応援する動機を「憧れだから」「顔馴染みだから」「同じ方向を目指しているから」「価値観が似ているから」「見守ってあげたいから」の5つに分類して考察してみた。もちろん現実的には、これらが絡み合った複雑な心情が応援を形づくるものと考えている。

それぞれの動機に該当するブランド（「崇拝型応援タイプ」「愛着型応援タイプ」「同志型応援タイプ」「共歓型応援タイプ」「賛助型応援タイプ」）の事例を探し出し、なぜ応援されるのか、その特性を抽出してみよう。自社に合ったブランディングのタイプを見出していただければ幸いである。

1、崇拝型応援タイプ　〜時代の先鋒として道を切り開く存在〜

カリスマと信者

最初に取り上げたいのは、ブランドを崇拝するという気持ちから応援されているタイプの事例である。

いわゆる「レジェンド」と呼ばれる人たち、野球の世界ではイチロー選手、サッカーではキング・カズ（三浦知良）、将棋の羽生善治永世七冠、ロックミュージシャンの矢沢永吉、大相撲の横綱・白鵬、作家の村上春樹、北野武監督などに対するファンの心情は、こうした応援のタイプといえるであろう。いずれもその世界の新たな地平を切り開いていったトップランナーたちであり、高度な技術力、圧倒的な業績、目指す地点の高尚さ、最高位にいながら日常的な小さな努力も怠らない姿勢など、崇拝される理由にはいくつかの共通点が見出せると思う。

ファンとしては、憧れ・模範・尊敬という心理が働くとともに、模倣・追随といった行為が喚起される対象である。ブランドとファンとの関係は、「カリスマ」と「信者」ということなるのかもしれない。

生きる伝説と、それを支えるファンとの関係を示した好例がある。辰吉丈一郎選手は１９９１年、国内最短新記録（当時）のデビュー8戦目で世界チャンピオンに輝き、その後の大活躍を期待された天才ボクサーである。彼の言動やボクシングスタイルは多くのファンを痺れさせ、「浪速のジョー」としてカリスマ的影響を与え続けてきた。網膜剥離など再三にわたる引退の危機を乗り越え、２００８年にプロライセンスが切れた後も海外で現役を続行する。

そして40代後半となった今でも「もう1回、世界をとれるような練習をする」辰吉の姿に感銘し、同級生や熱狂的なファンが「Project Joe」を結成。クラウドファンディングで募金を集め、彼をもう一度リングに立たせるための運動を行っている。

もちろん、企業やブランドにおいて、こうした〝レジェンド〟の地位を確立するのはたやすいことではない。そもそもこの地点を目指せるのは、ごく限られた存在だけだともいえるだろう。しかしいくつかの着眼点を持てば、こうした支持のされ方に近づくのは不可能ではないと思われる。そのあたりを考えてみたい。

自分の欲しいものをつくり、提供する

スティーブ・ジョブズの記者会見が、信者による〝ミサ〟の様相を呈していたことは、今でも記憶に新しいところだ。1983年末に放映された、支配者ビッグ・ブルー[11]からの解放をテーマとしたテレビCMなどを機に、マック・エバンジェリスト（伝道師）は世界中に拡散した。ジョブズはその後、自ら立ち上げたアップルから追放されるものの、「英雄の帰還」という神話のモチーフさながらに、同社が経営危機に陥った1997年、奇跡の復活劇を演じてのける。

復帰時点でマックファンの多くは、ジョブズがかつて自分たちを魅了し続けたPCの後継機を提供してくれるのではないかと期待したはずだ。しかしその後、新生アップルが主軸としたのは、音楽端末iPod、タブレット端末iPad、そしてスマートフォンのiPhoneなどであった。

これらはPCという形態に囚われることのない新しいタイプの情報機器群であり、「もはやパソコンの時代ではない」ことを象徴する一連のイノベーションであった。彼の慧眼通り、iPhoneは発売4年でアップル総売上の約5割を占める事業に発展、2016年には全世界

11　当時のコンピューター業界をリードしていたIBM社を暗示した存在。

で2億台以上の販売実績を示した。さらにジョブズはiTunesやiTunes Storeを通じて音楽の新たなビジネスモデルを構築し、機器の製造・販売を軸としていた事業そのものの刷新を図ったのである。

こうした**良い意味での裏切りを続けられるところがカリスマ性であり、崇拝型ブランドの特性である**。「市場創造」という言葉で簡単に片付けられる話ではない。トップランナーとして他者が追随できない荒野を切り開き、孤高の峰を歩んでゆく覚悟に、ファンは痺れるのであろう。

細部への徹底したこだわり

こうしたタイプのブランドにおいて実践されているのは、通常のマーケティング理論が主張する「顧客ニーズへの適合」ではない。ロボット掃除機や羽根のない扇風機で世界中をあっと言わせたダイソンのように「つくり手が納得のいくモノを生み、モノの良さを一番よく知るつくり手が積極的に売り込んでいく」姿勢こそが、支持を生み出す源泉となる場合もある。

ガス直火の炊飯土鍋「かまどさん」の大ヒットなど、伝統技術を基盤に現代のライフスタイルにあった商品を世に送り出している伊賀焼窯元の老舗「長谷園」（三重県伊賀市）においても、「つくり手こそ真の使い手であれ」をその核となる精神としている。ここには自分が欲しいもの、使いたいものをつくって売る、もしそれが気に入れば顧客はそれについてきてほしい、という意気込みがある。もちろんその域に達するまでには大変な実績や努力が必要となるはずだが、**一度その地位が確立した後は、ブランドが顧客を選ぶようになる**。むしろ本来、ブランドとはそういう性質のものなのだ。

「自分が欲しいもの」である限りにおいては、ディテールに至るまでの徹底したこだわりが求められる。『セゾンファクトリー』（山形県高畠町）は、「想像を超えた美味しさ」を提供するために一切妥協しない、一貫した商品開発姿勢を保ち続ける高級加工食品メーカーとして知られている。美味しい料理があると聞けば世界中どこにでも食べに行くフットワークの軽さ、果物や野菜など国内を中心に厳選された旬の素材の調達、職人ひとりひとりが目の届く範囲で食品加工ができる手作り用の作業環境、そしてパッケージにしても黄色と黒を基調とした高品質のデザイン、と頑固なまでのこだわりで貫かれている。

経営者も新入社員も一丸となり、全力投球で社内運動会に臨む〝超体育会企業〟としても有名だ（第４章でも言及する）。これは先代社長、齋藤峰彰氏のカリスマティックな経営哲学に拠《よ》るところが大きい。

他社の3～5倍はする価格のジャムやドレッシングなどが全国のデパ地下で飛ぶように売れているのは、「消費者ニーズ」を把握したから生じた成果ではない。生産者側のこだわりに対する、消費者の敬意や崇拝がもたらしたものと考えてよいと思う。

小さな入口から奥深い世界を垣間見せる

東京都港区三田に本店を構える「ラーメン二郎」。近隣の慶應の学生たちの応援が店を支えたというエピソードも残っている。とにかく量が半端なく、「小」を頼んでも他店の大盛りを遥かに凌駕するラーメンがドカンと出てくる。食べた直後は必ず後悔するが、しばらくすると無性に食べたくなる、いわゆる病みつき系のこってり味であり、二郎に何度も通う人たちを「ジロリアン」と呼ぶなど、カルト的なファンが存在することでも有名だ。

一杯平らげるにはそれなりの気合と体力が必要なため、二郎での食事体験を「修行」と捉える人も多い。「もはやラーメンではない」「二郎という別の食べ物だ」と言い放つ人さえもいる。独自の味とスタイルを築いた創業者・山田拓美代表を慕った、インスパイア系と呼ばれる類似店舗も増加している。

新規店舗がオープンしても積極的に宣伝はしない、駅から遠い、店員は不愛想、常連が多くて肩身が狭い、メニューは少ない、注文方法や頼み方に独自のルールがある、もちろんヘルシー志向などとは無縁、などといった特徴があり、**顧客ニーズに適合しようなどといった気配は微塵もない**。しかしそれでも客足は絶えず、常に店内は満席、外には長蛇の列ができている。ちなみに自らもジロリアンだという牧田幸裕氏（信州大学）のフェルミ推定[12]によると、ジロリアンは全国で105万人。これは首都圏20〜40代男性の5人に1人に相当するという[13]。

「お客様満足」を題目とする企業がこれだけ増えた今日、二郎の顧客を突き放すような姿勢は、ある意味爽快でもある。豚のゲンコツを煮出したフルボディのスープ、チャーシューは直方体、盛られた野菜はもはや円錐状態と、「これでいいのだ」という自信に満ち溢れた姿形を見れば、これがタダものでないことくらい誰にでもわかる。店側が一つの信念からつくり上げたモノを真剣にぶつけられたと感じた客側も、それに真剣に呼応せざるを得ない。この得体のしれない存在感と奥深さに畏敬の念を感じつつも、額に汗してそのラーメンを制覇

12　答えの出ないような数値を、手掛かりとなる事象から論理的に推論して導き出す概算法のこと。
13　牧田幸裕（2010）『ラーメン二郎にまなぶ経営学』東洋経済新報社

することに、ジロリアンたちは喜びや生き甲斐さえ見出すのであろう。

崇拝型のブランドにおいては、**求道的な消費スタイル**がより強く発揮される。むろん情報機器にしてもジャムにしてもラーメンにしても、誰もが簡単に楽しめる消費財にすぎない。しかしそれぞれの世界は奥深く、真の楽しみを知るためには、それなりの消費経験や知識が必要となる。**その奥深さを小さな入口から垣間見せること**が、崇拝型ブランドへのルートといえよう。

最近、マス向け消費財のメーカーにおいて、採算を度外視しても最高級品を市場投入するケースが相次いでいる。クリネックスティシューの「至高」「極」「羽衣」（日本製紙クレシア）、カルビー「かっぱえびせん匠海」、スターバックス「パナマ アウロマール ゲイシャ」、伊藤園「お～いお茶 玉露」などが代表例である。言葉で主張するのではなく、実際につくり上げた最高の商品で、自社の持つ技術の奥深さや、本気度、すごみを感じさせようとする狙いといえよう。コモディティ化[14]が懸念される商品ジャンルにおいては、こうした形でブランド至高体験を提供していくのも、一つの選択肢である。

内なる顧客の声を信じる

崇拝型ブランドが決して顧客の気持ちを考慮しない、ということではない。**信用するのは市場調査のデータではなく、「内なる消費者」の声である。**これが独特の嗅覚となり、強烈な個性と完成度を持った商品を生み出していく。一方、消費者サンプリング調査に基づいてニーズを測定すると、往々にして当たり障りのない無難な選択に陥りやすい。

「ブリュードッグ」（スコットランド）は２００７年、ワットとディッキーという２人のビールオタクによって設立されたマイクロブリュワリーである。立ち上げた理由は「心から飲みたいと思えるものが世の中になかった」から。ウイスキー樽熟成のスタウト「パラドックス」を皮切りに幾多のビアコンペで賞を獲得して業界を席巻、創業８年足らずで売上70億円を達成した。

プロモーションに関しても、アルコール度数55％のビールをリスの剝製のパッケージで発売、大通りを戦車で駆け抜けて新製品を告知、英国議会議事堂に創業者２人の裸の影を映し出す、など破天荒なものばかり。眉を顰《ひそ》める人もいるが、彼らの「パンク精神」に対しては心酔するファンも多い。

14　商品間の差異や特徴が少なくなり、価格競争に巻き込まれている商品領域のこと。

ワットは「ターゲット市場なんて言葉は無視しよう」と提唱する。なぜならその事業のことを来る日も来る日も考え続けてきた経営者自身が、顧客とは誰かを一番知っているからであり、「あなた（著者注：経営者）の魂にはブランドのＤＮＡが焼き付いている」からだとしている。[15]

日本のオートキャンプ市場を再確立した「スノーピーク」（新潟県三条市）の山井太社長も、自分が長期間使いたい、満足が得られるキャンプ用品を製造し、品質に見合った価格についてきてくれる顧客のみにそれらを提供する、というスタンスを持っている。先代から経営を引き継いだ１９８６年当時、テントの価格相場を無視していきなり16万８０００円のハイエンド商品を市場導入、社内の猛反対を尻目に、製造した商品１００張あまりをすべて売り切ってしまう。ヘビーユーザーが年50回×5年間は使えるテント、つまり自分が使いたい商品でなければ売ることはできない、という意志を貫き通したこの体験が、現在のスノーピークを形づくっているという。

同社の理念"The Snow Peak Way"に「自らもユーザーであるという立場で考え、お互いが感動できるモノやサービスを提供します」とあるが、社員を採用する条件の一つはユーザー・スキルであるという。そして「私自身がユーザーの代表だと思っている」[16]と述べる山井社長こそ、年平均40～50日はキャンプに出掛ける最先端ユーザーであり、商品に対して最もうるさい消費者なのである。

経営者や社員が「オタク」ともいえるユーザーであり、消費者に強い影響を与える存在であることも、崇拝型の一つの特徴であろう。近年、身近なカリスマや師とみなす人への尊敬から生じる「リスペクト消費」が生じており、「何を」買うか以上に、「誰がつくったものを」「誰と同じものを」「誰が薦めているものを」「誰から」買うかに重要な意味が見出されてきている。モノへのニーズというよりも、人へのニーズと捉えるべきだろう。

追従者を育成する勇気を持てるか

ここまで述べてきたのは、創業者や経営トップのカリスマ性に大きく依存するタイプのブランドであり、ニッチな市場や関与性（こだわり）の高い商品分野においては成立しやすい。当然ながら、高価格帯やハイエンド製品が売れていく基盤も出来上がる。

カリスマ経営者というと、ＳＮＳで多大なフォロワーを有する、マスメディアからの取材

15　ジェームズ・ワット、高取芳彦（訳）（２０１６）『ビジネス・フォー・パンクス』日経ＢＰ社
16　『商業界』２０１６年３月号

も多い、社内ではその存在感が突出している、といった様相を呈する。こうしたリーダーが心身共に元気なうちは問題がなかろう。しかし近年でも、セブン&アイ、スズキ、吉野家など、カリスマ経営者退任後の経営不安が囁《ささや》かれた例は絶えることがない。崇拝型は、カリスマが引退や死去により、第一線を退いた時点で顧客が逃げていくというリスクと隣り合わせにあることも肝に銘じたい。

そこで考えておくべきなのは、「追随する者を育てる」勇気である。世界初の明太子製造に成功した、「ふくや」(福岡市)は、あえて製造特許や商標を取得せず、安くて美味しいものがたくさん世の中に出回るようにと、仕入れ業者に製造技術を伝授した。1716年創業の老舗「中川政七商店」(奈良市)では、自ら工芸品のブランドを開発・販売するだけでなく、伝統工芸品メーカーのコンサルティングを利益度外視で行っている。

ラーメン二郎においては、支店、本店修行を経たのれん分け制度もあるが、インスパイア店、リスペクト店と呼ばれる類似店舗への許容姿勢が特徴である。結果的にそれらが、二郎ファンの間口を広げることにつながっている。

追随者をライバルとみなして蹴落とすのではなく、同志として受け入れたり、弟子として育てていったりすることで、自らを核とする一つの市場領域が形成される。一緒に一つの業界をつくるという意識だ。これにより、本家本元のブランドとしての価値がより高まっていくのはいうまでもない。また本家としても、後進として追い上げる者たちとの間で繰り広げられる切磋琢磨によって、さらなる高みを目指していく熱い気持ちが維持されるかもしれない。先駆者であり破壊者である一面、育成者としても振る舞うことで、崇拝型のビジネスはより強固な存在になっていく。

2、愛着型応援タイプ ～手に届きそうな距離感を保つ～

次に「昔からのつき合い」「幼いころ・若いころの思い出」「地元」「馴染み」だから応援するという愛着型ブランドについてとり上げたい。このようなブランドと顧客との間柄は、親戚や隣人、幼馴染みのような関係性といえるだろう。

スポーツの分野では、母校や高校野球の地元校を応援するという気持ちがこれに近い。Jリーグは発足以来、球団・選手と地域との密接なつながりを経営指針としてきた。そのためか、サポーターの8割以上は「地元あるいは出身地だから」という理由で応援している、といわれる。中でも「アルビレックス新潟」は、強い地域愛に支えられたチームという印象が強い。個々の選手というよりも、チームそのものを応援するタイプの地元ファンが多く、アルビレックスの運営する他のスポーツチーム(バスケットボール、野球、スキー・スノーボード、陸上競技、チアリーディング)も並行して応援できる仕組みをつくり上げている。

一方、芸能界に目を向けてみよう。出身地域で圧倒的な支持を得ている芸人として、博多華丸・大吉(福岡県)、サンドウィッチマン(宮城県)などを挙げることができよう。彼らはすでに全国区のタレントではあるが、いまだにローカル局で街歩き番組のレポーターなどを務めている。東日本大震災時に、サンドウィッチマンが被災した東北住民の代弁者として活躍したのは記憶に新しいところだ。こうして地元に軸足を置き続けるところに、彼らの人気の秘訣があるのではないか。

ミラノを拠点としたビジネスを展開する安西洋之氏(モバイルクルーズ代表)は、欧州の若者がグローバルを志向するのではなく、むしろ地元回帰を強めていると指摘する。[17]それは単なる保守化や内向き意識などではなく、ネットを通じていつでも世界とつながれるからこそ、あえて大都市での生活を拒否し、地元の価値の再発掘や活性化に目を向けているということなのだ。わが国においても、地方在住を一番望んでいる世代は20代だというし、[18]ふるさと納税、ソウルフードへの見直し、孫ターン就業[19]、週末に地域活性化の手伝いに行く「風の人」の存在など、地域とのつながりを大切にする生活スタイルが、若者を中心に静かに台頭してきている。

キリン「47都道府県の一番搾り」など、ナショナルブランドのローカライズ展開も注目されているし、国内四大商社がこぞってローカル産業の深掘りに商機を見出そうとする傾向もみられる。ＹＫＫ（富山県黒部市）やコマツ（石川県小松市）のように、本社機能の一部を創業の地に再移転する企業も現れてきた。

このように、**地域の土着的（ヴァナキュラー）な価値に根差したビジネスには支持が集まってきている。**しかし、単に地元だから、馴染みがあるからという理由で、応援してもらえるものだろうか。ここでは、身近であるからこそ応援するという気持ちを形づくるためには、どのようなスタンスが必要なのかを考えてみたい。

17　安西洋之（２０１４）『世界の伸びている中小・ベンチャー企業は何を考えているのか？』クロスメディア・パブリッシング
18　トラストバンク調査（２０１７）
19　都会の若者が祖父母の地元に居住すること。

変にカッコつけない、トレンドに乗らない

関東地方で180店以上の飲食チェーンを展開する「山田うどん」(埼玉県所沢市)。経営のモットーは「あまり気取りすぎない」ことだ、と山田裕朗社長は述べる。[20] ヘルシーブームの逆風の中でも、ボリューム満点である「カロリーのK点越え」(山田社長)のメニューを変えない、洗練性を増してきた他のファミレスに追随しない、地元に密着した市民イベントには全面協力する、フランチャイズ展開してもいたずらに拡大路線に走らないなど、その姿勢は一貫している。

アイドルグループ「ももいろクローバーZ」とのコラボも行っている。その発端は、「ももクロ」のマネージャーが山田うどんの大ファンだったことにある。ライブの際に人気メニュー「パンチ(もつ煮込み)」を決まって皆に差し入れしていた経緯があり、単なるイメージキャラクターとして起用したわけではない。

麺のコシにもマネジメントにも、独特の「ゆるさ」があるのも一つの特徴である。フランチャイズチェーンでありながら店舗ごとの自由度が高く、接客マニュアルが存在しない。だからこそパートのおばちゃんが自らの工夫で温かいおもてなしができるのだ。こうした肩の力の抜けた対応は、客にも気を遣わせない独特の魅力がある。

実際見かけたことがあるが、たとえオーダーミスが発生しても「あ〜ら、ごめんなさい」で済まされる、ほんのりとした雰囲気なのである。商品についても、本部からの強い締めつけがないこともあり、店の裏庭でとれたウコンを販売する（現在ではこういう例はない）など、独自のメニューが用意されている店もある。

同社の営業企画部長によるツイッターアカウント「江橋うどん」（@ehashiudon）では、次のような自己紹介文が掲載されている。「山田うどんは埼玉生まれの関東ローカルうどんチェーン。（個人商店がちょっと大きくなったような会社です）昭和のたたずまいを現在も保ち、おばちゃん達の感性に頼る接客と普通に2人前のセットメニューが推しのお店です。昨今のさぬきブームに押されながらもなんとか頑張っております」。

今やファミレスですらそれなりに洗練され、高級化・システム化の道を辿りつつある。だがそれがかえって既存客に「居心地の悪さ」を与えている可能性もある。そんな中、山田うどんが周回遅れのチャンピオンとして君臨しているのは、「**ゆるい**」「**変にカッコつけない**」「**無理しない**」からだといってもよいのかもしれない。

20　北尾トロ、えのきどいちろう（2012）『愛の山田うどん――廻ってくれ、俺の頭上で!!』河出書房新社

写真１　中高年の顧客から圧倒的な支持を受ける「でんかのヤマグチ」

余裕ができても拡大しない理由

高齢世帯に注力した家電製品の販売・アフターサービスを展開するのが、東京都町田市にある「でんかのヤマグチ」だ。

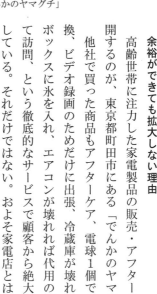

他社で買った商品もアフターケア、電球１個でも配達して交換、ビデオ録画のためだけに出張、冷蔵庫が壊れればクーラーボックスに氷を入れ、エアコンが壊れれば代用の扇風機を持って訪問、という徹底的なサービスで顧客から絶大の信頼を獲得している。それだけではない。およそ家電店とはかけ離れた仕事、例えば水回りの修理、部屋の模様替えの手伝い、駐車場は地域に開放、買い物しない客にもトイレを開放、雨の日の傘の貸し出し、毎月開催される激安野菜販売など、「街の電気屋さん」を遥かに超えたサービスを展開している。いうなれば、地域のファシリティセンター（便利屋さん）のような役割を果たしているのだ。

筆者が訪問した土曜日の午前中には、「８㎞離れた自宅から店員のＹさんにお礼を言いにだけ来た」という80代の男性や、「町田に在住して50年間ずっとヤマグチ」という70代の女性ほか、高齢者の顧客がひっきりなしに店頭を行き来していた（写真1）。

同社はパナソニック系列店であり、大手家電量販店のような低価格販売を目玉としているわけではない。しかし顧客が求めているのは、安売りとはまるで違った価値である。例えばある男性客が、一人暮らしの母親向けに30万円台のテレビを購入した際、値引きを要求するのではなく「母のことをよろしくお願いします」と伝えたというエピソードがある。彼がヤマグチに求めたのは、購入を契機とした長期的なつながりなのだ。それは「遠くの息子よりも近くのヤマグチ」という顧客の言葉に見事に集約されている。ここでは**購入時点の価格の高低ではなく、生涯価値を想定に入れた買い物が行われている**のである。

これは顧客ひとりひとりの顔、一軒一軒の間取りやレイアウトまで熟知しているからこそ成立するビジネスであろう。同社がチェーン店化し、同レベルのサービスを他の街で展開しようとしても難しいはずだ。もちろん精神論だけでやり遂げられる仕事ではなく、顧客データベースから8000人の優良顧客を導き出し、12人の営業体制で対応できる仕組みを備えている。

同社の理念「ヤマグチの考え」を紹介しよう。「ヤマグチは余裕が出来ても、店を大きくしたり支店を出したりは致しません。なぜなら、ヤマグチを利用して頂いているお客様に十分な安心サービスが出来なくなるからです。これからもヤマグチはパナソニック製品を中心にお客様に喜ばれる家電、住まいのリフォーム、健康商品を販売し、ヤマグチを利用して頂くお客様と私たち自身の為にこれからも汗を流し続けます」。

この他にも、宮城県仙台市郊外の店舗まで遥か遠方から「おはぎ」を買い求めに来る客で絶えない「主婦の店 さいち」や、北海道函館市のソウルフードとしてすっかり定着した感のあるハンバーガーショップ「ラッキーピエロ」、十勝の素材を生かしたお菓子作りで親しまれている「柳月」など、地域ダントツの評価を大切にし、商圏をいたずらに拡張しない方針を貫く企業には学ぶべき点も多い。

時代は変わってもずっとそこにいる

1908年、横浜（現在の桜木町）駅の売店としてスタートした「崎陽軒《きようけん》」は、横浜初の名物食を作りたいという一心から、中華街で突き出しとして出されていた焼売《シユウマイ》に注目。点心の専門家をスカウトして1928年、「冷めてもおいしいシウマイ」を開発する。

シウマイ弁当は1954年から横浜駅構内で販売を開始、崎陽軒のシンボル商品として人気を博し、以降半世紀にわたって横浜名物の座を保ってきた。駅弁市場は縮小しているにもかかわらず、２０１６年度の売上高は過去最高を示し、一日２万食以上を売り上げている。

このシウマイ弁当、ロングセラー商品として、昔ながらの製法やデザインを固持している。シウマイの材料には、オホーツク産の干しホタテ貝柱を使用、俵型ご飯（小梅、黒胡麻）はモチモチした食感を保つために蒸気炊飯方式で炊き上げたものだ。折り容器は、アカマツやエゾマツなどの天然木を使った経木《きょうぎ》のままで、そのサイズも変えていない。本社工場で製造された弁当は、一箱ずつ手作業で紐が結ばれている。そしてシウマイの箱の中に入る48種類の絵柄を持つ磁器製しょうゆ入れの「ひょうちゃん」もまた、ずっとお馴染みの顔のままだ。

関東在住者の中には、楽しかった旅行の思い出とシウマイ弁当を重ね合わせ、その懐かしさから購入していく人も多い。シウマイの具材や調味料は飽きがこないよう、あえてシンプルなままにしているという。一度具材の唐揚げをエビフライに変更したところファンから抗議が来たため、元に戻したというエピソードにもあるように、[21]昔ながらの姿を大切にしている。時代は変わり、美味しい食品は次から次へと登場するが、崎陽軒の味は変わらず、いつも同じ場所にいてくれる存在だからこそ、人気が損なわれないのだろう。

21　ラズウェル細木（２０１２）『なぜ今日もシウマイ弁当を買ってしまうのか？』集英社

同社の経営理念は「ナショナルブランドではなく、真に優れた『ローカルブランド』を目指す」である。このメッセージに込められたのは、ローカルな文化でも全世界で愛されるような存在になりたい、という願いであり、目指す地点は「アルゼンチンタンゴ」のような文化ということだ。

ぶれないでいるための努力を続けられるか

本パートで紹介したケースは、顧客と長期的に寄り添うブランドである。時代が変わっても常に傍《そば》にいてくれるような家族、あるいは自分が変わってもいつでも戻れる故郷のような存在といえる。反面、あまりに身近であるために飽きられ、尊重しづらい対象になる陥穽《かんせい》とは隣り合わせにある。必然的に、変わらないけど変わっていく、不易流行のマネジメントが求められる。

「ポーター」のブランドでメイドイン・ジャパンの鞄《かばん》づくりを牽引する東京都千代田区の「吉田」(吉田カバン)。同社は値引きしない、宣伝しない、全工程国内生産、職人の手作りにこだわる、厳しすぎるほどの品質管理など、頑固な「ものづくり姿勢」で知られている。リピーターはもちろんのこと、修理し続けて使用したり、父から子へ受け継がれていったりと、世代を超えて愛されているブランドとして有名だ。その強度や耐久性、飽きの来ないオーソドックスなデザインは、まさに「一生のおつき合い」を可能にする製品とみられている。

　そのポーターに、1983年の発売以来、基本デザインを変えない「タンカー」というシリーズがある。シリーズ全体で年間27万本の生産量を誇る、まさに日本の鞄の代表選手である。軽量で弾力性に富む素材は、米軍のフライトジャケットの名品「MA−1」をモチーフにしたものだ。スタイルや素材、見えない部分への縫製、インナーのオレンジ色といった特徴は30年間変えないまま、バッグの周囲の縁取り（パイピング）素材の耐久性を向上したり、ウエストベルトを少し長くして日本人の体格向上に合わせたり、限定商品を発売したりするなど、陰で地道な変化を導入してきている。吉田輝幸社長は、ロングセラーブランドにおいて「守りに入って代わり映えのしない単調さが出てくると衰退する」と語り、変えてはならないものを守るために必要な〝変える勇気〟の大切さを説く。[22]

　帝国データバンク調査（2008年）によると、百年以上続く老舗企業では、社是・社訓や主力事業の内容は維持しつつも、製造方法・販売方法・商品やサービスは「一部変えた」というケースが多い。**新たな要素を取り入れていく（流行）のは、本流を変えない（不易）**

22　吉田輝幸（2015）『吉田基準』日本実業出版社

ための努力の一環といえるだろう。

3、同志型応援タイプ　～同じ目標の下、顧客と共に闘う～

ファンとは「共に闘ってくれる人」

「(敵地の)神宮球場でのチケットを確保するためにヤクルトのファンクラブに入会する」「ファンのための応援専用居酒屋が人気となり、チェーン店化している」「レプリカユニフォームに装飾を入れる『デコユニ』(3万～4万円)が飛ぶように売れる」など、広島東洋カープへの応援姿勢には、他球団と一線を画す独特の「熱さ」がみられる。

かつて市民球場の客といえば、ゴツい、荒い、コワモテのイメージが強かったものだが、2014年の流行語に「カープ女子」が選ばれるなど、今や観客の1割が20代の若い女性という。ボールパーク「マツダスタジアム」にはユニークな座席、自由に球場を一周できるコンコース、スポーツバーをはじめ、多種多様なカープグッズ販売店が溢れている。2016年11月の優勝記念パレードでは、広島市・平和通りに約31万人が集まった。この年の県内の経済効果は330億円あまりと試算された。

カープは広島復興の希望の光として１９４９年、地元財界の有志によって設立された球団である。しかし１９５１年には深刻な経営危機に陥り、選手の給料は遅配、遠征費すら払えない苦境に陥る。一時は球団解散の決定もされたが、窮状を知ったカープファンが球場入口に酒樽を設置して募金を開始、球団への資金提供を続けた。現在でもカープはマツダから資金的な支援は受けず、独立採算で運営されながらも、２０１６年まで42期連続で最終黒字を計上し続けている。その経営を支えるのは放映権収入ではなく、今や、毎日球場に足を運ぶ〝リアル〟カープファンからもたらされた入場料収入や独自商品の販売収入である。市民球団の面目躍如といったところであろう。

名を成した大物選手や外国人選手を財政力で引っ張ってくる大球団を相手に、無名の新人をファームから育成し、叩き上げ選手で対抗するのがカープのスタイルだ。広島県民は地元だからという理由だけでなく、お金で選手を買うようなプロ球界の体質や構造そのものと闘う同志なのである。「カープを応援する」というレベルではなく、「カープと共に闘う」立場にあるからこそ、その熱さのケタが違うのだろう。

同志型応援ブランドの特徴は、**既存の業界秩序や利権構造に対してアンチを唱え、それらと敢然と闘う姿勢**にある。そうした事例を見ていきたいと思う。

業界の「常識」「慣習」と闘う

長野市の「中央タクシー」は、その徹底的なカスタマーファースト姿勢により、地域で圧倒的な支持を集めている。車1台あたりの売上は県内他社の3倍、社員間の仲が良く、離職率はわずか2％というタクシー会社だ。荷物を家の中の必要な場所にまで運ぶ、電動車椅子を1時間かけて解体し移動先で組み立てる、冬、寒そうにしていた子供客に靴下を買ってあげて届ける、などの〝神対応〟エピソードには事欠かない。空港便[23]の車が高速道路の事故で渋滞に出くわし、このままではとても出発時刻に間に合わない、という事態に陥ったことがある。その時にドライバーは自らの判断で高速を降り、客と一緒に電車に乗って空港まで送り届けたという。今や地元顧客に「乗らなくても街で見かけるだけでホッとする」といわれる存在にまでなっている。

しかし同社のサービスが評判になるにつれ、地元の同業者からやっかみの非難を浴びるようになっていく。その際に宇都宮恒久社長（当時）がとったのは、タクシー事業協同組合からの脱退という選択であった。共通チケットや駅前のタクシー乗り場の利用など、同業組合加入者の利権は捨てざるを得ない。だがその代わりに、同一地域・同一料金の枠から脱却して10%割安という独自の価格体系を打ち出すことができた。値下げはしたものの、結果的には売上が15%アップしたという。[24]

他にも同社では、車内全面禁煙、流し営業の廃止、「経験者以外」の社員の採用、長野五輪特需でも地元既存顧客を優先など、それまでの業界の慣習を逸脱した施策を次から次へと講じてきた。同社が挑んできたのは、それまで根強かった「タクシー＝運送業」という意識そのものである。ドライバー主導で「客を運んでやる」という従来の価値観と闘い、顧客主導のサービス業へと転換させた。

最近は観光タクシーに力を入れ始め、外国人旅行者には英語で歓迎メッセージが入った折り鶴を渡すサービスを行っている。この折り鶴、同社の理念に共感した介護士の女性が、自ら折ったものを毎年数千羽、送ってきてくれるという。また、空港便に対しても、「うちのお店に置いておくから、チラシを送って」といった利用客からの連絡が絶えない。顧客がま

23　同社では1999年より、自宅から空港（成田・羽田）までジャンボタクシーで乗合送迎するサービスを行っている。長野だけでなく、新潟・栃木・群馬・埼玉・山梨などからも利用できる（一部エリアを除く）。

24　宇都宮恒久（2012）『山奥の小さなタクシー会社が届ける幸せのサービス』日本能率協会マネジメントセンター

さに「同志」のような立場にあるのだ。

顧客の見えない不満を汲み取る

倒産・廃業の相次ぐ日本人形業界にあって、雛人形２０００セット、五月人形１１５０セットをそれぞれ完売、１年待ちの顧客が２００組いるという状態（２０１６年度）にあるのが「ふらここ」（東京都中央区）である。創業以来、毎年１２０％を超える成長を続け、しかも増収増益を達成している。その理由は同社が「可愛らしい赤ちゃん顔」「手のひらサイズ」といったオリジナリティの高い雛人形を製造販売しているからだ（写真2）。20、30代の若いお母さんたちを中心に、ＳＮＳを通じたクチコミでもその人気は広がっている。リピート購入も顕著で、ほとんどの客が次に子供が生まれた時にも同社で購入する。

写真２　これまでの商品とは全く異なるデザインで人気を博す、「ふらここ」の雛人形

雛人形が「切れ長の目、細面で彫りの深い顔立ち」と、どのメーカーでも同じようなデザインなのは、実は業界の構造的な問題がある。顔や胴体、小道具などを複数のメーカーの職

人が分業して作っており、販売業者がパーツを買いつけ、それらを組み合わせてセット販売しているからだ。こうした古い流通システムのため、職人たちは自分が作りたい人形をデザインできず、あくまで業界規格に沿った部品を提供するだけの立場になっていた。消費者側も似たり寄ったりの中から商品を選択せざるを得ず、その不満は言葉として顕在化されることもなかった。

原英洋社長は、職人たちの生活とモチベーションを安定させるとともに、顧客に満足感を与える人形を届けるためには、業界の慣習を破る製販一体型のメーカーが必要と考えた。それが「赤ちゃん顔の人形」「狭い住宅事情に合ったサイズ」「値引きしない・買い叩かない」「自社検品」という業界の常識破りの選択である。原社長は全国の職人を訪ね歩き、当初は抵抗にあいながらも、新しい考え方による人形作りに共感してくれる職人を発掘していく。試作品は消費者に好評で、企業として本格展開を果たす自信になった。このように、作り手・買い手が原社長の意志に呼応することで、雛祭りという、このままだと廃れてしまうかもしれない伝統文化を、未来につなげる役割を果たしたように思われる。

業界の古い常識・慣習を覆すことは、即イノベーションにつながる可能性が高い（何が常識・慣習かに気づく感性が必要だが）。ただしそれを断行するのは業界のみならず、往々にして社内からも強い抵抗を受ける。しかしその際、イノベーターの後押しをしてくれる最大の力は、顧客からの声援にほかならない。だからこそその声援を、日常的に経営に取り込める仕組みを確立しておくべきなのである。

「得意技」で協力できる枠組み

岩手県花巻市の「マルカンデパート」は、建物の老朽化と耐震性の問題で、２０１６年６月に閉店した。長期間地域社会に愛され、特に6階の大食堂で出される「特大ソフトクリーム」や「ナポリかつ」といったメニューが、地元のソウルフードとして親しまれていた。

この知らせを受けた花巻北高校の生徒たちがまず、自分たちの手で復活させようと、署名活動に動き出す。さらに地元のワインバーの経営者は「マルカン応援ワイン」、蔵元の五代目は「マルカン応援焼酎」を自主的に発売、またUターンしてきたグラフィックデザイナーは「マルカン思い出写真集」、趣味でライブ活動を続ける新聞店社長は『マルカン・ブギ』のCD、地元イラストレーターは「大食堂のポストカード」を制作する。[25] ピアノ弾き語りアーチスト日食なつこさんは『あのデパート』という曲のミュージックビデオをウェブで公開した。他にも、Tシャツ、ストラップ、ビールなどの応援コラボグッズが相次いだ。

さらに岩手県のクラウドファンディングサイト「いしわり」では、6カ月間で2億円以上の寄付金を集める。こうした動きの中で、花巻家守舎の小友康広氏を中心としたチームが経営権を引き継ぎ、1階と6階をリノベーションする形でリニューアル、2017年2月にはマルカン大食堂の復活に成功した。

このように、窮状を知った周囲の人々が、商品購入や寄付といった経済的支援に限らず、自らの専門や技能を通してボランティア支援をするという形が表れてきた。マルカンの場合は自然発生的だが、それをシステム化している例もある。認定NPO法人「サービスグラント」による「プロボノ」という手法は、登録者が経営・デザイン・調査・ITなどの自らの専門能力で社会課題解決型のプロジェクトに参加できる仕組みである。[26]東日本大震災の被災地で「食べる宝石」ミガキイチゴというブランドを生み出した農業生産法人GRA（宮城県亘理郡）なども、これを活用した事例だ。

顧客の知を、商品の改善や開発につなげようとするクラウドソーシングの事例も珍しくなくなってきた。顧客は商品やサービスを受容するだけの「消費者」ではない。顧客の持つ知

25　北山公路（2017）『マルカン大食堂の奇跡』双葉社
26　「サービスグラント」ウェブサイト（http://www.servicegrant.or.jp/）

識や専門性、得意技を動員できる独特の仕組みの考案も、今日的なマーケティング手法のひとつといえよう。

顧客の参加できる物語が存在する

同志型ブランドにおいては、事業を通じて社会課題を解決することが目標であり、「事業を成功させる」「売上を上げる」ことはその手段にすぎない、という捉え方が求められる。ここでいう社会課題とは、「地球温暖化の解消」でも「商店街に笑顔を取り戻したい」でも「人材不足のお客様をサポートしたい」でもよいが、そのテーマは内発的であるべきだ。ただ問題は、そうした取り組みが**企業の自己完結に終わらず、顧客が参加できる物語になっているかどうか**である。

「マザーハウス」は、山口絵理子氏が２００６年に創業したアパレル製品・雑貨の製造販売を手掛ける会社だ。途上国における貧困問題は、先進国政府による金銭的援助だけでは解決しない。現地で新たなビジネスを立ち上げ、安定的雇用と消費者としての自立を促すなど、持続可能な経済を組み立て直す必要がある。そのためには、国際競争力のある商品をつくって輸出するノウハウを持つ民間企業が途上国に進出しなければならない。

山口氏は、そうした観点から、バッグなどの雑貨製品を生産するための工場（マトリゴール）をバングラデシュで立ち上げた。同国のジュートやレザーといった素材を生かすことに重点を置くだけでなく、家庭内や村に残る手仕事のスタイルを現代に残す試みを通じ、伝統文化の継承にも貢献している。もちろん高い給与水準、現地の事情に応じた労働環境、年金や医療保険を完備するとともに、働き手にとって「第二の家」になるような社内交流なども綿密に行っている。商品は、日本や台湾、香港の直営店で販売、価格は数万円するものがほとんどだが、品質の高さは折り紙つきである。この事業を推進した山口氏の凄まじいまでの熱意と執念は、各種メディアでとり上げられてきたのでご存知の方も多いはずだ。「**途上国が可哀想だからお金を出して買ってあげる**」**という意識からのフェアトレードでは何も解決しない**、というのが山口氏の信条だ。

一方マザーハウスでは旅行会社と提携し、バングラデシュでエコバッグを製作体験できるスタディツアーを組んできた。ユーザーが自らの手で商品をつくるという体験を通じ、「途上国でものづくりをすることの難しさ、楽しさ、そして可能性を感じてもらいたい」という思いから企画、2016年までに延べ250人ほどが参加した。現地スタッフとの対話やワークショップに加え、ノーベル平和賞を受賞したグラミン銀行本部への訪問や農村プロジェクト視察プログラムも併設され、現地の実状を目の当たりにすることができる。こうしてマザーハウスでは、消費者に商品を買ってもらうだけでなく、同社の理念への参画と現地スタッフと消費者との人的交流を促進している。

これ以外にも、ソーシャルビジネスを手掛けるキーパーソンを招聘し、顧客との対話や交流を図る「マザーハウスカレッジ」、顧客と生産スタッフが同じ机上で議論をしながら新製品を企画する「ZADAN」、買い物を通じて生産地における災害支援に貢献できる「ソーシャルポイントカード」など、同社の掲げる理念に参加・体験できる多様な仕組みも併設している。2017年、「マザーハウスはなれ」のオープン工事にあたっては、ユーザーにも社員と一緒に新店舗の「床張り」を体験できる機会を提供した。顧客を購買者という受動的地位にとどめることなく、共に思考し、発信し、行動する枠組みを提供するこうした姿勢には、見習うべき点が多い。

「たどり来て、いまだ山麓」の精神

ぶれない目標の下にともに闘っていくというスタンスは大切である。しかし、掲げた物語があまりに強靭であり、正当性があるがために、達成されることが正義であり当然だ、とい

う認識も芽生えてくる。よってなかなか成果が出ないと、勝利を求めるファンたちが不満を示すこともある。例えば阪神タイガースや浦和レッズのサポーターたちは、チームの不甲斐ない敗北に対して、怒りや抗議行動を示すことさえある。これらはもちろんチームを愛するがゆえの厳しい応援方法の一つなのだが、本当に怖いのは抗議ではなく、コアなファンが愛想を尽かし、愛していたブランドに反旗を翻すことである。一番の親友であるがゆえに、敵になった時には一番恐ろしい存在ともなる。

そのために心掛けておきたいのは、「たどり来て、いまだ山麓」の精神であろう。これは将棋の升田幸三九段（実力制第四代名人）が1957年、将棋史上初の三冠王に輝いた時に語った言葉とされる。言い換えると、自分たちは成功者ではなく、いつになっても挑戦者であるという意識の継続と、その表明ということになる。仮にある程度の市場シェアや社会的名声を獲得したとしても、それは道半ばのことにすぎない、まだまだやるべきことはたくさんある、という姿勢を崩してはならない。

イタリアのラグジュアリブランド「ブルネロクチネリ」は、本社の立地するソロメオ村（ウンブリア州ペルージャ県）の復興とともに歩む500年ビジョンの下で、ビジネスを展開している。「人間について語り合うことのできる」素晴らしい自然環境があるという理由で、社長の妻の郷里に1985年に本社を移転したのだ。

14世紀末に築かれた城を中心に発展したこの村は、移転当時、大いに荒れ果てていたという。同社では、従業員や地域住民の人間的な豊かさを助長するために、教会・庭園など、中世に建てられた建築物の修復に着手しただけではなく、演劇や音楽、祭りなどの無形文化財の復興、スポーツ施設、劇場、公園、ものづくり学校の新設などにも努めた。ただしそれは一気に「整備」するのではなく、30年かけて少しずつ取り組んできたことだ。「自分たちがやるべきことはまだまだある」という状態を維持し続けている点に、特徴がある。

売上や規模といった次元とは異なる成長指標を持つことも大切である。何らかの社会課題を解決する手段として自社の事業展開があるとするなら、クリアすべき目標として掲げた社会課題がいったいどの程度解決されているのか、その達成度こそが、企業の成長を測る尺度ともいえるのではないだろうか。

４、共歓型応援タイプ　～自らが楽しむ姿勢を貫く～

ファンと同じ世界観を楽しむ

本項では、企業と顧客とが同一の世界観を共有し、「一緒に遊ぶ」「一緒に楽しむ」ことでファンを拡大させている事例を見てみたい。

東北地方を中心に活動する地域密着型プロレス団体に、みちのくプロレスがある。同団体は１９９２年にザ・グレート・サスケ氏が設立。トップロープからの派手な飛び技など、独特のメキシカンスタイルが人気を博し、東北だけではなく全国から熱いファンを集めて興行を続けてきた。鍛え上げられた肉体が繰り出すパワーやスピードだけでなく、レスラーのキャラクターや架空の背景、コミカルな動き、お決まりの必殺技、お馴染みのマイクパフォーマンスなど、すべてがエンターテインメント仕立て。年末恒例の「宇宙大戦争」とは「サスケ＝宇宙人」説に端を発した興行だが、勝負などもはや度外視した場外乱闘や謎の凶器攻撃などで、会場のファンを楽しませてきている。

みちのくプロレスの良さは、低予算ゆえの手作り感や、観客との距離の近さにある。東北に訪れるファンを増やしたい一念からスタートした、東日本大震災の被災地への巡業も年60回を超える。２０１５年からは、山形鉄道フラワー長井線の列車内で激闘を繰り広げる「ローカル線プロレス」も開催している。「プロレスイベントを街に招聘《しようへい》するには19万円から」という手軽さが人気の秘訣でもある。

ここで期待されているのは、レスラー同士が憎しみ合い、激しく戦う従来型のプロレスではない。「(トップレスラーの) 新崎人生が念仏を唱える間は決して反撃しない」という大人のお約束を許容し合う間柄、つまりレスラーとファンが**同じ世界観を共有し、ともに設定されたフィクションを楽しむ関係**なのである。

ビジネスの中にエンターテインメントがある

共歓型ブランドの条件として、「ビジネスの仕組みの中にエンターテインメント性が存在する」という特徴を挙げてみたい。芸能やスポーツ界、テーマパークやゴルフ場など、提供する商品そのものが娯楽というビジネスもある。鉄道や観光産業など、レジャーとの親和性が高い領域もある。しかし一般の製造業やサービス業においても、自社の商品利用やプロモーションを通じて娯楽性を提供することは可能なのだ。

農業用車両メーカーの「筑水キャニコム」（福岡県うきは市）の基本方針（キャニコムスピリッツ）には、「独自・独特・独創の新しい価値を提供し続ける」とある。そのサプライズ精神は、「草刈機ＭＡＳＡＯ」「ブッシュカッタージョージ」といった斬新なネーミングや、およそ農作業用とは思えないほどポップな車両デザインに表れている。中でも、同社のゲリラ的なデモンストレーション型営業は、農作業の現場に営業が赴き、自社の草刈機で傾斜20度を超える坂道や荒れ地の雑草を、その場でどんどん刈ってみせるというもの。これがあまりにも痛快であり、見学者の受けも絶大だ。こうした手法を「プロムナードコンサート」と命名、50人の営業が年３６５０回の開催を目標に実施している。

キャニコムの製品は、農業の付随作業の一つにすぎない草刈りという行為を、エキサイティングで達成感のある仕事に変えている。そしてこのデモは、自分たちが楽しみ、面白くやっていることに顧客が興味を持ち、「自分でもしてみたい」と感じさせる状況をつくり上げている。それはまるで、トム・ソーヤがいかにも楽しい雰囲気でペンキ塗りをした結果、最初は冷ややかな目で見ていた悪友たちも最後は「それを自分にもやらせてくれ」と懇願したのと同じである。

自社製品の利用過程で似たようなことはないかと考えてみてほしい。トイレタリー製品の詰め替え、コピー機の用紙詰まりの排出やトナーの入れ替え、自動車保険の更新や車検の手続きなど、面倒なばかりでうんざりするような顧客プロセスはいくらでも転がっている。これらを軽減したり代行したりするのもよいが、むしろこうした行為を楽しめるような提案をすることはできないだろうか。例えば米国のサウスウエスト航空では、待ち時間の多い手荷物検査や離陸前の不安な時間に係員がジョークを語り、乗客を和ませる演出に腐心している。工夫次第で、**ブランド体験の中に楽しさや笑い、驚きといった要素を組み込むことはできる**はずである。

ファンにいじられることを恐れない

パロディや二次創作は著作権違反かどうか、という議論がある。厳密に見れば法的問題は残るにしても、二次創作はファン行為だから黙認しておくのが「大人」としての流儀といわれてきた。だが今日、むしろ**二次創作を奨励し、積極的に原作をいじってもらおうとするコンテンツ**も登場してきている。『#こんなブラック・ジャックはイヤだ』(小学館)は、手塚治虫の名作『ブラック・ジャック』を、ツイッター作家のつのがい氏がいじり倒したパロディ作品である。二次創作によって経年劣化の懸念される作品世界が活性化し、原作の新たなファン獲得につながる可能性も高まる。パロディは本編の補完財なのである。

「ペヤングソースやきそば」は、1975年に、「まるか食品」（群馬県伊勢崎市）から発売された四角形のカップ麺だ。ロングセラーブランドとして愛され続けてきたが、2014年に異物混入事件を起こして、半年間の販売自粛に追い込まれる。

マクドナルド、不二家、ミートホープ、赤福、白い恋人など、食品偽装や混入事件が次々と明るみになる中、「ペヤングよ、お前もか」という失望が走った出来事としてご記憶の方も多いだろう。しかし、食の安全管理を徹底するための販売自粛期間においては、ウェブサイトで「ペヤングを応援するスレ」や「ペヤング応援歌」なども出回り、その復活を望む声も大きかった。翌年「ソースやきそば」の生産を再開、6月から関東地方での販売を再開したところ、当初予想していた2～3倍の注文量が入ることになった。24時間体制でも製造が追いつかず、関東地方以外での発売を急遽延期する。

同ブランドには、ペヤングをより愛し、より美味しく食べる孤高の存在、「ペヤンガー」というファンが存在する。販売停止期間中、ヤフオクに出品されたソースやきそばを市価の数倍で落札したのも彼らの仕業である。

そのうちの一人、P・K・サンジュン氏は、「ペヤング　パクチーMAXやきそば」に「うまいけど、パンチに欠ける」という評が出回るや否や、「このままパクチーMAXやきそばを放っておくわけにはいかない！」と感じ、スイートチリソースを入れて食べるという方法を提案、自ら試食したネット記事を掲載している。[27] 他にも「野菜炒め」「広島風」「温泉卵入り」「ペヤング冷やし中華」「ペヤングアラモード」など、様々なアレンジでペヤングを食べるプロ・ペヤンガーがネット上で美味しさを主張、多様な食べ方レシピを載せた「ペヤング本」も出版されている。

まるか食品側も、ファンのこうした動きに敏感に反応し、[28]「チョコレートやきそばギリ」や「背脂MAX」、「プラス納豆」など、新たな変わり種味を提供し続けている。圧巻は、2016年3月に売り出した本家の偽物「ペヨングソースやきそば」だ。価格はペヤングより50円ほど安く、具材や麺の量などもわずかに違うが味はほぼ同じ。つまり、いわゆる〝パチモン〟を自ら販売する形をとったのである。その遊び心に共感したファンがこれを買い求め、発売9カ月で1600万食を突破、日本食糧新聞社の平成28年度食品ヒット大賞・優秀ヒット賞まで受賞した。「真剣に〝偽物〟を作った」[29] という担当者の言葉の裏には、ファンのブランドいじりに対して恐れることなく、むしろそれを歓迎する姿勢、そして大げさにではなく、さりげなく呼応するという空気感がみられる。

今日、企業側がボケをかましてツッコミを入れられること——つまり**自らの情報発信だけで完結しようとせずに、その後のリアクションを豊かにするやりとりが有効**なのは明らかである。珍妙なアトラクションやパロディポスターなど「おもろい遊園地」として快走を続ける「ひらかたパーク」（大阪府）や、「おしい！広島県」「うどん県（香川県）」といった自治体の自虐ＣＭなど、最近話題を呼んだキャンペーンはいずれも「いじられてなんぼ」という前提で組み立てられている。ＡＩＤＭＡ理論[30]やメディアの弾丸効果[31]といった、「強いメッセージで市場に働きかければ効果が上がる」ことが信じられた時代は、もはや前世紀で終了したといえるのかもしれない。

27　「ロケットニュース24」https://rocketnews24.com/2016/12/24/841303/

28　現実に商品化につながった例は乏しいが、同社は商品開発プロセスにおいて、テレビやネットで消費者が提唱した味を実践することはあるという。

29　「産経ニュース」２０１６年４月２日

30　Attention（注意）→Interest（関心）→Desire（欲求）→Memory（記憶）→Action（行動）の頭文字を取った消費者の購買行動の仮説。広告の効果を示すキーワードとして使用された。

31　マスメディアからのメッセージは、受け手の頭の中に弾丸を打ち込んだかのように強力に働くとされたコミュニケーション理論の仮説。

顧客コミュニティとともに生きる

阪急電鉄の創始者であると同時に、宝塚歌劇団の生みの親である小林一三は、宝塚ファンを「お友達の方々」と呼称した。この言葉と比較すると、「お客様」はなんとよそよそしく聞こえることだろう。共歓型応援においては、**ブランドと顧客との関係はずばり「友達」**ということになる。さらにいうと、顧客と顧客がまた友達であること、すなわちブランドの利用を通じた顧客コミュニティの成立が成功要因となりうる。

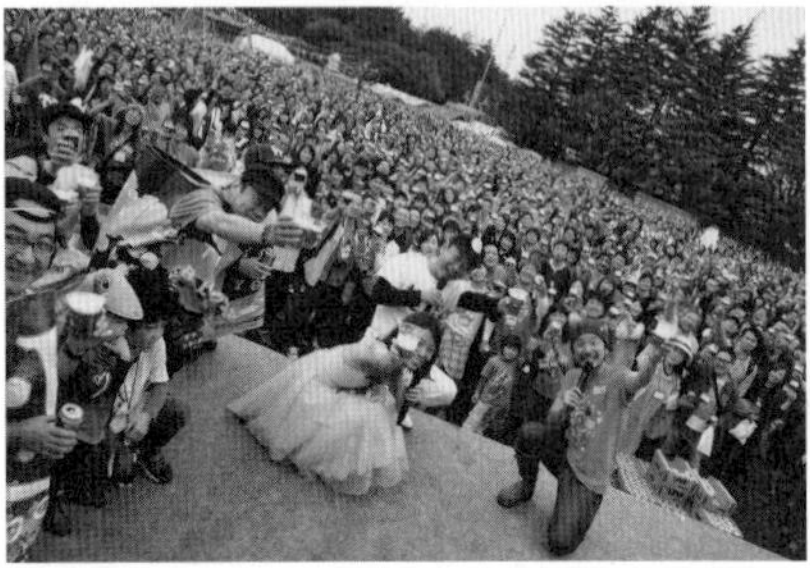

写真３　「超宴」のステージではファン代表が着ぐるみをまとって登場した

「よなよなエール」「インドの青鬼」など、日本におけるクラフトビールブームの火つけ役となった「ヤッホーブルーイング」（長野県軽井沢町）の例を見てみよう。同社は自ら「知的な変わり者集団」を名乗り、「営業しない」「カッコ悪いけど面白いくだらない企画づくり」「自分たちが楽しむ」といったマーケティング姿勢を貫いている。

商品名をひねりまくるのはもちろんのこと、「てんちょ」「なおG」など社員同士全員ニックネームで呼び合うし、「ハッピーお届け隊（物流チーム）」「ヤッホー盛り上げ隊

（人事総務チーム）」など、部署名も個性的だ。宴会を盛り上げるために自ら考案した「ネオ三本締め」の動画をユーチューブにアップするなど、話題が絶えることもない。もちろん商品そのものの魅力が基盤だが、社員の行動がそのままプロモーションにつながっている稀有な事例であろう。仕事を自ら楽しむこうした姿勢が、ファンを広げる一つの要因になっていると思われる。

「よなよなエールの超宴《ちょうえん》」と称するビアイベントも人気が高い。筆者も参加したが、2017年に神宮外苑軟式球場で開催された超宴には4000人が集まり、ファン代表が着ぐるみを纏《まと》ってステージに上がるなど、顧客と社員とに緩やかな一体感が成立していた（写真3）。こうした〝ヤッホー体験〟をした**ファンが伝道師となって周辺顧客を巻き込み、支持層の増加に貢献している。**

井手直行社長によると、長年にわたるチームビルディングの試みによって、社員の中に「仕事を楽しもう」という意識が芽生え、その気持ちが外に伝わることでファンの輪も広がったという。[32]同社は2017年に「定時退社協会」という架空組織を設立したが、これは世の企業人に定時退社してビールを飲んでほしい、というメッセージであるとともに、日本人

32　井手直行（2016）『ぷしゅ　よなよなエールがお世話になります』東洋経済新報社

の働き方への一つの問題提起でもある。「働き方改革」が提唱される時代、自社のワークスタイルを分かち合う場をつくることが、ファン拡張のトリガーとなっている。

芸能や漫画、アニメなどを愛する人たちが「ファンダム」をつくり上げ、家庭や仕事場でもない〝第三の場所〟を自らの心の拠り所とするような事例が次々と報告されてきた。しかし人々が集うテーマはアニメや芸能とは限らない。特定のブランドや、そのブランドを使用する行為となるケースも表れている。これをブランドコミュニティと呼ぶ。

その先駆的企業が「ハーレーダビッドソンジャパン」である。同社では地域のツーリング仲間を組織化し、その中心にユーザー代表として販売店の店長を据えた。このハーレーオーナーズグループ（H．O．G．）と称するコミュニティは、ユーザーによる自発的なイベントを推進する母体となってきた。国内バイク市場が縮小する中、同社が四半世紀にわたって連続売上を拡大してきた背景には、企業と顧客組織とが共に手を取り合ってブランドをもり立てていった経緯がある。ヤッホーブルーイングもH．O．G．の仕組みをベンチマーキングしたといわれる。

なお今日では、ネットを通じたブランドコミュニティの動きも盛んである。それについては第4章で詳述したい。

「中の人」を通したブランディングができるか

もちろん「楽しそうなブランド・面白そうなブランド」を、広告宣伝のテクニックで演出することは不可能ではない。自社ウェブサイトに面白動画を掲出して吸引するような方法論がもてはやされていたのも事実である。しかし当然ではあるが、それだけでは顧客からの支持は一過性のものにとどまってしまう。もしそれが嫌なら、永久に同じことを繰り返さなければなるまい。例えば日清食品のように、腰を据えて徹底的に自作コンテンツを発信し続ける気合と体力があれば別だが、大半の企業では中途半端に手を出した結果、やがて古くなり飽きられる「オワコン・マーケティング」という末路に陥りがちである。

もはや消費者は、企業発のユーモアやボケが内発的に生じたものか、あるいは広告代理店に〝外注〟したものかを、直感的に識別できるリテラシーを備えてしまった。したがって共歓タイプのブランドを志向しようとするなら、経営トップを含めた社員の中に、真の意味で仕事を楽しむ姿勢・自社製品を楽しく使う姿勢を築き上げることが先決であろう。こうして芽生えたブランド精神から自然に沸き立つ行動が魅力的なものであるなら、顧客は共感・同調し、やがては応援へと発展していくはずだ。そして社員と顧客との直接の触れ合いを契機に、ブランドコミュニティが自然発生するという流れこそが美しく、理想的である。こうした内部ブランディングについても、第4章で詳しく触れてみたい。

さて今日、ブランドを体現する「中の人」による発言やツイッターの書き込みが、企業評価を大きく左右する（あるいは規定する）ような例もみられる。「ガリガリ君」で有名な「赤城乳業」のマーケティング部長・萩原史雄氏、コスプレ広報で話題をさらった「エステー」の広報サイト「エステーQ」編集長の高田鳥場《とりば》（鹿毛康司）氏、「シャープ」公式ツイッターを運用して40万人超のフォロワーを持つ山本隆博氏などはそうしたシンボリックな存在であろう。他にもタニタ、セガ、キングジム、井村屋、パインなど、同様のノリで公式ツイートを繰り広げて多数のフォロワーを獲得する「中の人」界のヒーローが活躍している。

彼らの発言内容は「ゆるすぎる」という評価もあるが、公式コメントの中に本音や思いをぶち込む、借り物ではなく自分の言葉で伝える、組織人である以前に相手と同じ人間であることをベースにする、といった姿勢が共感の輪をつくり出しているように思う。政治家や官僚による虚偽報告や隠蔽体質、さらには「コンプライアンス大好き人間」が幅を利かせる現代社会において、彼らの発言は一筋の涼風でもある。むろん経営者には、こうしたキーパーソンを信頼して放し飼いをするくらいの気概と、ある種の〝鈍感さ〟を演じる勇気が必要であろう。

5、賛助型応援タイプ　〜可能性と脆弱さとが魅力的なブランド〜

ハラハラさせられるから応援したくなる

これまでの企業は「強いブランド」を志向してきた。しかし「強さ」は往々にして、顧客との距離を発生させてしまう。「ご立派ですね。それが何か?」という反発を食らうからだ。むしろ「弱いところもある」「ハラハラする」「手を差し伸べたい」と思われる対象こそが愛され、応援されることがある。

そこで思いつくのが、中日ドラゴンズの球団マスコットキャラクター「ドアラ」だ。彼が試合中のインターバルで見せるバク転は、必ずしも成功するとは限らない。たまに失敗すると、実況アナウンサーに「ドアラもこのところ連戦で疲れているのでしょうか」などと冷ややかな突っ込みを入れられてしまう。しかし観客は、彼が失敗を恐れず、毎回全力でバク転にチャレンジする姿に喝采を送る。結果ではなく姿勢に拍手される、という点が重要だ。

「らうたし」という古語がある。枕草子には「をかしげなるちごの、かいつきて寝たる、いとらうたし」と登場する。辞書を引く限り、「可愛らしい。いとおしい。いじらしい。可憐だ。何かと世話して、いたわってやりたい」と出てくる。同じ「可愛い」という意味でも、「うつくし（美し）」が「欠点がない立派な可愛らしさ」なのに対し、「らうたし」は「欠点だらけで放っておけない」という意味である。つまり「自分が世話しないとダメになってしまうほど、弱くてどうしようもない存在」を「らうたし（労甚し）」と表現したわけで、これは日本人の心性の一つなのかもしれない。

韓流のアイドルユニットと、ＡＫＢ48との違いは、前者が完全無欠（うつくし）を志向するのに対して、後者は幼児性・未熟性（らうたし）を残したままでいることにある。韓国の国家機関・コンテンツ振興院のキム・ヨンドク主席研究員が「5年以上かけて徹底的に歌って踊れるプロのアーティストを育て、完成してから一気に売り出す」と述べているように[33]、Ｋ－ＰＯＰが世界を席巻したのは、国家が海外戦略を打ち立て、完璧な「輸出商品」をつくり出してきた結果だ。

一方のＡＫＢ48は「会いに行けるアイドル」の名の通り、素人オーディションの延長線にある。ひとりひとり最終的に目指す職業があり、身長も髪型も年齢もバラバラ、スキャンダルやいざこざ、問題発言、メンバーの入れ替えも絶えることがない。だがそれゆえに手を差し伸べたい、育ててあげたいという気にさせる存在なのである。ファンとしては、未完成品を育てるところに楽しみを感じることができるわけだ。なお、ＡＫＢ48の雛形は宝塚にあるという森下信雄氏（元宝塚総支配人）は、双方の共通点が「シロウトの神格化」にあり、それは「『未完成』をファン・コミュニティが『共に』バージョンアップしていくプロセス」である、と指摘している。[34]

こうした弱さ、はかなさ、脆《もろ》さ、傷つきやすさを、編集者の松岡正剛氏は「フラジャイル」と呼び、**弱さゆえの強さがある**、とする。[35]本章の最後として、光る要素はあるが未完成であり、脆弱であるがゆえに応援される「賛助型」ブランドについて考察してみたい。

マイナス要素をプラスに変える

第３セクターとしてスタートした「天草エアライン」（熊本県天草市）が創業当時、保有できたのはわずか１機のプロペラ機であった。機体検査時には運休せざるを得ない。また台

33　「日経産業新聞」２０１３年４月９日
34　森下信雄（２０１５）『元・宝塚総支配人が語る「タカラヅカ」の経営戦略』ＫＡＤＯＫＡＷＡ
35　松岡正剛（２００５）『フラジャイル』筑摩書房

風などによる欠航も多く、〝飛ばないエアライン〟としてかえって話題になった。経営的には安定せず、一時は破綻寸前の苦しさを味わうことになる。それを脱するためには、飛行機に乗ることそのものを目的としてもらう「観光エアライン」化が必須課題であった。

しかしローカル中のローカル。大手と同じような広告宣伝やプロモーションなど到底できない。その際、奥島透社長（当時）が着想したのは、逆に大手ではできないような手作りサービスのアイデアである。次のような施策を試行錯誤しながら繰り返し、トップ自らマルチタスクに汗を流しながら乗客と接触、社員の求心力を高めていった。

・機体デザインを親子イルカの塗装に刷新
・機内誌『イルカの空中散歩』は客室乗務員が手製作
・正月、こどもの日、クリスマスは、乗客に社員手作りのプレゼントを贈る
・客室乗務員が写真撮影などに気さくに応じてくれる距離感
・毎便、社長、専務、社員一丸となってのお見送り
・社長自らセキュリティ担当を行うなど、すべての社員がすべての仕事を手伝う
・「当たり席」に座った客に、社長が自分で釣った鯛をプレゼント

その後も欠航は絶えなかったが、その時に顧客からＳＮＳに書き込まれたのは、不平や不満ではなく「頑張れ！」の書き込みであった。[36] 天草エアラインの経営の脆弱性、つまり弱い・小さい・苦しいという状況を知ってくれたからこそ、顧客は応援してくれたのであった。そしてその気持ちを生み出した要因は、やれることは何でもやってみようとする同社の懸命な姿勢にほかならない。

同社は熊本地震後、一時的に利用客が落ち込んだが、念願の２号機の導入や独自サービス、新料金制度などを打ち出し、２０１６年度の搭乗者は約８万人と回復している。

在京キー局の中ではいま、テレビ東京の躍進が目覚ましい。

同局は日本科学技術振興財団の事業の一環として開業、放映時間の６割を科学技術教育番組にすることを義務づけられていた。よって他局のような娯楽番組をつくるだけの人材も資金的余裕もなかったのは当然で、日経の資本が入り、東京十二チャンネルと改名したのちもテレビ業界の「番外地」と呼ばれ、視聴率は断トツの低空飛行を続けた。

36　奥島透（２０１６）『日本一小さな航空会社の大きな奇跡の物語』ダイヤモンド・ビッグ社

しかし1990年代に入り、他局が視聴率を意識して同質化を進めていくのを尻目に、アクの強い個性的な番組を世に出し続け、以降大いなる躍進が始まる。ちょうどバブル経済が弾け、視聴者の目が決してきらびやかではない、身近なものに面白さを見出していく方向にシフトしてきたのと並行して、『浅草橋ヤング用品店』や『開運!なんでも鑑定団』、『モヤモヤさまぁ〜ず』など、素人フル活用のバラエティ番組が人気を博すようになる。

さらには、日経グループの情報力を生かした経済ドキュメンタリーや経済報道番組でも他局との差別化に成功した。また『ポケットモンスター』『爆走兄弟レッツ&ゴー!!』など、アニメ番組を通じて新たな遊戯市場を開拓する。マイナーだったテニス、サッカー、卓球などの中継を行い、人気スポーツへの足掛かりをつくったのもテレ東である。

同局で長年プロデューサーを続けてきた伊藤成人氏は、後発・弱小・低予算・少人数という逆境をむしろ強みに転嫁しようとした結果、独特の個性を持った番組が生まれていったと述べている。伊藤氏が語る、ハンデを武器にする「神谷町メソッド」のいくつかを紹介しよう。

「カネがないなら頭を使え」「ないものはない、だからできない言いわけにするな」「一点突破全面展開」「ヒットジャンルは捨てよ、ジャンルを作れ」「アンバランスな方がいい、スキを作れ」「現場に身を置け、誰よりも汗をかけ」「もうひと手間、無理をする」「予想を裏切る、お約束の予想を覆す」[37]……。

こうしたレジリエンス（逆境力）から生まれたアイデアは数限りない。セットにかける予算がないためロケに出ようと『いい旅・夢気分』という旅行番組が生まれる。大物に司会を依頼するだけの予算がないため起用されたユニークな新人タレント（「あのねのね」など）がブレイクする。**「弱さ」を工夫や創意を生む原動力とし、組織体質を強化するための起爆剤として使うこともできる**という好例だ。

横のつながりでクチコミをしてもらう

世界で最も権威のあるウイスキー品評会のシングルカスクシングルモルト・ウイスキー部門で、「ベンチャーウイスキー」社の「イチローズモルト　秩父ウイスキー祭２０１７」が世界最高賞を初受賞した。蒸留所のある埼玉県秩父市は、同社・肥土《あくと》伊知郎社長の生まれ故郷であり、質の良い水と気候の寒暖差という絶好の環境を備えている。「秩父産のウイスキーを飲みたい」と語り続けた彼の夢がもたらした快挙であった。

37　伊藤成人（２０１７）『テレ東流　ハンデを武器にする極意』岩波書店

父の経営していた造り酒屋が他社に譲渡され、残された400樽分の原酒を元手に、肥土氏は最初のイチローズモルトを造り上げる（写真4）。メルシャン（軽井沢）やスコットランドの蒸留所で修業・研究を重ねていたため、商品の品質には絶対の自信はあったが、やはり知名度がない。そこでバー巡りという地道な営業活動を開始する。自分の造ったウイスキーを試飲してもらいながら、バーテンダーや来店客に「日本産」の夢を語る日々が続いた。2年間で延べ2000軒を巡ることで、横のつながりが強いウイスキー愛好家の間では一種の有名人にもなる。クチコミで小売店を紹介してもらうなどして、最終的に600本の商品を売り切ることに成功した。

写真４　秩父蒸留所には所狭しと熟成中の樽が並んでいる

2008年にようやく製造免許が下りるが、ウイスキーは最低3年間の熟成期間が必要なので当面売る商品がない。当時ウイスキーといえば完全に右肩下がりの市場にあり、金融機関も開業資金を貸し渋る。そこで秩父に蒸留所を作る際には、バー巡りで知り合ったオーナーバーテンダーたちに一樽38万円で樽の先行販売を行い、資金を集めた。モルトドリームカスクという手法である。「そのウイスキーができたら、ウチでも取り扱いますよ。頑張ってください」というバーテンダーたちの声は単なる社交辞令ではなく、肥土氏の造ったテイストと、その熱意に対する真の賛辞であったのだ（135ページ、ケースインタビュー③）。今日、日本各地にクラフトディスティラリー（蒸留所）が続々と誕生、日本のウイスキーは新時代を迎えている。その先鋒を果たしたのは「秩父」であり、肥土氏の掲げた夢なのであった。

夢は愚鈍なまでに語り続ける

「ミドリムシで世界を救う」。これがユーグレナの出雲充社長が掲げた事業目的である。単純明快だがあまりに突拍子もないこの夢に対して、当初相手にしてくれる人はほとんどいなかったという。

学生時代のインターンシップでバングラデシュを訪れた経験から、世界の食糧問題を解決しようと決意。農学部に転部し、マンガ『ドラゴンボール』に登場する「仙豆《せんず》」のような万能食はないものかと模索していた。そんな中、動物性と植物性を兼ね備え、59種類の栄養素をつくることのできるミドリムシと出会うことになる。しかも、光合性能の良いミドリムシは地球温暖化対策にも貢献するうえ、再生可能で効率良い燃料を抽出できるため、エネルギー問題解決にも役立つ。

この夢に同調してくれたのは、のちに奇跡といわれた大量培養に成功する鈴木健吾氏、卓越した営業力で幾度も経営危機を救うことになる福本拓元氏、そして中野長久氏を中心とする日本全国のミドリムシ研究家たちである。さらには石垣島の八重山殖産に月1回のペースで通い、量産化まで無料という条件で、培養プールを借りることにも成功した。当時ベンチャー企業の資金援助を申し出ていたライブドアがスポンサーとなり、出雲氏の起業は順風満帆ともみられた。しかし2006年のライブドア事件後は、同社関連企業とみなされ、すべての取引先からシャットアウトを食らってしまう。

資金ショート直前のタイミングに、ある経済誌で出雲氏の語った「夢」に関心を持ったという企業が面会を申し入れてきた。なんと伊藤忠商事である。その後、伊藤忠の出資で立ち直りを果たしたユーグレナは、エネルギー、航空、建設などの大手企業からも支援を受け、事業を本格的に軌道に乗せた。2012年には東京証券取引所市場マザーズに上場、3年後には第1回日本ベンチャー大賞の最優秀賞にも輝くことになった[38]。

自分は語り尽くしたから周囲は理解しているだろうと考えるのは間違いで、思った以上に伝わっていないことのほうが多い。「夢を愚鈍なほどに繰り返し語り続けること」は、意外なほどエネルギーが必要とされるはずだ。しかし語り続ければ、救いの神に巡り合う可能性も高まるということであろう。

弱さ、不完全さをオープンにしていく

ここで一つ考えたいのは、ダメなこと、失敗したこと、不得意なことなどを、正直に公開する企業姿勢である。これらを、世間体が悪い、株主や金融機関に不安を与える、プライドが許さない、といった理由で隠蔽しようとする経営者のほうが圧倒的に多いはずだ。しかし今日的な情報環境の下での意図的隠蔽はいずれ破綻するし、逆に露呈した際のダメージは倍加する。そもそも公開すべき情報としない情報を区別しようとするのは、企業を私物化している証拠である。語り口にもよるが、むしろあっけらかんと弱みを公開し、だからこそ我々は必死に頑張ると宣言してしまうのが、賛助型ブランドに相応しい対応といえるだろう。

「テプラ」や「ポメラ」など、独創的な電子文具でそのユニークなポジションを確立した「キングジム」の宮本彰社長は、ネット上で囁かれた「変態端末専業企業」という言葉を、

38　出雲充（２０１２）『僕はミドリムシで世界を救うことに決めました。』ダイヤモンド社

うまい誉め言葉として気に入っている、と発言する。同氏は、成功の自慢話ではなく、あえて自社の失敗事例を包み隠さず公開する。例えば「ダ・ビンチ」というプリンターつきデジカメは「解像度が悪かったうえ、大きなマーケットサイズを狙いすぎた」、設定した時間にスケジュールを教えてくれる「ボイスタイマー」は、「ユーザーの利用環境を理解していなかった」などと失敗要因を露呈している。[39] しかしそれを知ったからといって、「キングジムの商品開発力は低い」という評価が市場で生まれることはあるまい。むしろ10打数1安打でよしとする逞《たくま》しい精神に共感するはずである。

地域ブランディングの先駆け「サムライ日本プロジェクト」のプロデューサー・安藤竜二氏（「株式会社DDR」、愛知県岡崎市）は、今やビジネスモデルや店舗開発、イベント、セミナー、ラジオ番組のパーソナリティと、多面的に活躍する総合プランナーである。2007年、慢性白血病が発覚した後も安藤氏は自らの病気を公開し、薬を飲む姿を映像に撮られても意に介さない。通常であれば、経営者の重病は与信などにも影響をもたらすため、積極的な開示をしないほうが得策とされる。だがこうした安藤氏の姿は、むしろビジネスパートナーの共感を呼び起こし、彼のビジョンに賛同する仲間を増やし続けている。

賛助型ブランドが自ら掲げる**「弱さ」は、ファンから見ればチャームポイントであり、**

「伸びしろ」でもある。もちろんそう評価される背景には、懸命さや真摯さといった企業姿勢が不可欠なのはいうまでもない。

　本章では、熱いファンに支えられる企業・ブランドの事例を多数眺めてきた。これらを「ユニークな会社」「特殊事情を持つ」「経営者が突出している」として、例外的な位置づけで捉えるのは簡単だ。しかし、どこか一点でも自社との共通項を見出すことができれば、そこを突破口として何かが変わるはずである。「ウチでは無理」な理由探しをするのではなく、「ウチでもできる」ところから、ぜひ参考にしていただきたい。

39　宮本彰（２０１５）『ヒット文具を生み続ける独創のセオリー』河出書房新社

【ケースインタビュー③】

熱い情熱の伝播が生んだ日本産ウイスキー――ベンチャーウイスキー・吉川由美さん（ブランドアンバサダー）

長期低迷の続いた日本のウイスキー市場がV字回復を果たしている。そのきっかけをつくったのは、ハイボールの流行やテレビドラマだけではない。各地の小さな蒸留所が個性ある味を生み出し、日本産ウイスキーを世界水準にまで引き上げた結果の賜物である。

その草分け的存在が、本章でも触れたベンチャーウイスキーの肥土伊知郎氏。クラフトマンとしての経験や研究に加え、２０００軒ものバーで夢を語り続ける地道な努力が実を結び、開業時には多数のオーナーバーテンダーたちの支援が集まった。同社でブランドアンバサダーとして、広報活動を中心に活躍する吉川由美さんに、インタビューを試みた。

◇

――販売促進についてはどのような考え方で臨まれていますか？

当社では営業活動と広告宣伝は一切行っておりません。販促策といえば、飲食店や以前からお世話になっている直取引の酒屋さんに出すダイレクトメールくらいです。マスコミ取材は受けますが、有料パブリシティはしておりません。現時点では、蒸留所に見学に来られるプロのお客様に直接、当社の姿勢やビジョンをお伝えすることが、営業の軸となっています。最近は海外からもたくさんいらしてくれます。

一般の方には、ウイスキー祭などのイベントやセミナーに当社の造り手が出向き、直接説明する形をとっています。ウイスキーには直接伝えるべき、語り合うべき深い世界があるからこそ、こうしたスタイルが大切です。シングルモルトウイスキーには、蒸留所や樽ひとつひとつの個性を楽しむような文化があります。しかし規格品に慣れた方からすると、「品質にばらつきがある」とみなされかねません。ですから、私たちが直接丁寧に説明していく必要があるのです。

当社の十数人の従業員は、平均年齢30歳程度ですが、本物のウイスキー好きばかりです。夜な夜な秩父のバーに給料を注ぎ込みながら、お店の方に造り手の思いを伝える「仕込み担当兼営業担当」をしています。クチコミを通じて、新たな語り部をつくっていくのが当社のスタイルです。

ブランディングも、特に意識して行ってはおりません。ただ、ロゴマークやパッケージデザインは好評を頂いております。このデザインは、バーでたまたま同席していたデザイナーさんが肥土の話を聞いて共鳴し、そんな面白いウイスキーがあるならぜひ、ということで意気投合して協力してくれた経緯があります。酒場というコミュニティから新しい価値が生まれる、こういうところがベンチャーウイスキーらしさですね。

――吉川さん自身も顧客の立場から、ベンチャーウイスキーに転身されたそうですね。

私は2005年、帝国ホテルでバーテンダーをしていたころ、初めてイチローズモルトの存在を知りました。味もそうなのですが、肥土の人間性やその夢に共感し、すぐにブランドのファンになってしまいました。さらにその後私が渡英し、スコットランドでバーテンダーをしていた際にまたしても、肥土が売り込みに来たのです（笑）。ウイスキーを追い続けていく人生の中で、ご縁があればまた出会うだろうな、くらいに思っていましたけれども、こうした出会いがきっかけで肥土とともに仕事をすることになりました。現在は秩父に腰を据え、ブランドアンバサダーとして仕事をさせていただいております。

――地元商店の方にも話を伺ってきたのですが、皆さんベンチャーウイスキーを熱く応援していました。

当社では、ウイスキーにおける「メイド・イン秩父」を追求しようと、商品全体の10〜15%ではありますが、秩父産の大麦を使用しています。農林振興センターと協力し、シングルモルトに合う麦の品種改良にも努めているところです。また、発酵槽の材料であるミズナラも、地元秩父産のものを使用しようと試みている段階です。

当社が秩父に蒸留所を設置したのは、肥土の出身地ということもありますが、水や自然環境が良く、気候の寒暖差がウイスキーの熟成に向いているからです。

秩父蒸留所でつくられた30年モノをファンの方と一緒に飲む、というのが私たちの夢です。秩父には温かい人が多くて、私たちが地元のバーでお酒を飲んでいると、「頑張れ！」と声をかけられる機会が増えました。２０１７年には市民栄誉賞まで頂戴いたしました。やはり地域の応援というものが、私たちの気持ちを支えていると考えております。

――今後の課題は何でしょうか？

現在、おかげさまで売れ行きも良く、そのため当社の商品はどこへ行っても品薄で、関係各位にご迷惑をおかけしています。当社の製品にはこだわりのある熱いファンが多いということも心得ておりますが、手に入れたくても買えない状況が続けば、「like」が「hate」に転化する危険性があります。好きだった相手を憎む、という状況は本当に怖いですよね。ですから、現在の品質を保ったまま生産量を増やしていくことが、当社の一つの経営課題ではないかと思っています。

◇

ベンチャーウイスキー・肥土伊知郎氏の夢と情熱は、プロのバーテンダーたちを支援者に変えてしまった。3年先の樽の先行販売もすごい話だが、吉川さんのようなキャリアを持つ方を広報担当にリクルートできたのは、それを上回る大きな実績ではないだろうか。

【ケースインタビュー④】

開かれた、手の届く距離感が応援を生み出す——ねば塾・笠原道智社長

「ねば塾」という名前を聞いただけでは、何を扱っているかわからないだろう。

有限会社ねば塾は、長野県佐久市の川沿いにある、石鹸の製造会社だ。ねば塾の名前が広がったきっかけは、「白雪の詩」という石鹸が、化粧品のクチコミサイト「アットコスメ」で何年もベストコスメとなり、殿堂入りを果たしたことだ。日本国内だけでなく海外の有名な化粧品ブランドが並ぶ殿堂入りコスメの中で、「白雪の詩」というレトロな商品名とねば塾というインパクトの強い社名は大きな話題となった。

以前の名前が「佐久福祉事業所ねば塾」であったことからもわかるように、もともとは障がい者の福祉施設であった。現在も働いている人の多くが障がい者であり、障がい者の生活寮も併設されている。創業者である笠原愼一氏が、自分たちで働いて生計を立てたいと思う障がい者2人を引き取り、障がい者の経済的な自立を目指してつくった組織である。2016年に笠原愼一氏が他界した後は、息子である笠原道智氏が遺志を引

き継いでいる。「福祉施設だと、健常者を雇用しづらいから」という理由で有限会社に変更したという。健常者と障がい者という区別なく働く環境をつくるためだ。

ねば塾の「白雪の詩」は、東急ハンズやその他、ドラッグストア、インターネット上でも売られているが、商品を見ただけでは、障がい者施設が製造しているものとはわからない。つまり、「障がい者が作っているのだから、買ってください」という戦略では売っておらず、あくまでも一メーカーが作った石鹸として勝負している。まず、目につくのは、普通の固形石鹸より圧倒的に安いこと。そのうえ、香料や着色料無添加。クチコミを調べてみても、肌に優しい、安心して使えるなどの商品力の高さが人気の大きな要素なのは間違いない。製品の良さがクチコミサイトで支持されて広まったのだ。

◇

——最初はどのように広まったのでしょうか？

長野のスーパーに「白雪の詩」を置いてもらっていたところ、偶然、東急ハンズの人が見つけて、「うちに置きたい」って言ってくれたのです。何しろ、先代（愼一氏）は、長野をほとんど出たことがないから、「東急ハンズってなんだ？ でかいの？」って聞いちゃって（笑）。

これがきっかけで、白雪の詩が広まっていくのだが、ヒットした後もこの「白雪の詩」は、大きな白い石鹸が何の装飾もなく、四角く切られているだけの状態だ。外装を外すと本当に豆腐のようだ。「白雪の詩」をはじめ、ねば塾のほとんどの商品は、よくいえばシンプル。悪くいえば、デザインがゼロ状態で、「素材そのまま」という雰囲気。パッケージも基本的には商品名が書いてあるだけの状態だ。

◇

――デザイン性を求めていない商品が多いですね。

そうです。あまり、デザインとかは考えていなくて。例えば「ちゃんからさん」という石鹸は、パッケージに若い女の子のイラストを描いたつもりだったのに、「どう見てもお化けにしか見えない」と言われまして（笑）。石鹸はいいから使い続けたいけど、それにしてもパッケージがひどすぎる、代わりにデザインをしてあげたいくらいだ、と。ですから、この「ちゃんからさん」は、パッケージを変えることにしました。事務の人の家族の方が新しいイラストを書いてくれたのです。

◇

新しいパッケージになっても、素人感100%の出来上がりだ。デザインというものがゼロというだけではない。「白雪の詩」「ちゃんからさん」「しらかばシャンプー」など、明治というか大正というか、そんなネーミングも、決して狙っているわけではなく、大真面目に考えた結果のネーミングである。

すべて自前で済ませ、ビジネス、儲け、マーケティングなど、何も考えていないことが、かえってこのマーケティング過多の市場では、応援される要素となっている。すべてが素のままで、「売り込まない」「作り込まない」雰囲気は、市場で大企業の洗練された商品と並ぶと、あか抜けない素人っぽさが身近に感じさせ、また「何かしてあげたい」と思わせるのだろう。企業との距離感がゼロなのである。

この身近な雰囲気を生み出しているのは、ねば塾のあり方も関係している。インタビューに伺った時も、事務所の机の上に、何匹か野良猫が、堂々と寝ていた。冬になるとヤギも来るという。

◇

――どのような方が働きに来るのでしょうか?

会社勤めに疲れてしまった人が、「少し作業させてくれないかな」と来て、そのまま居続けるとか、この前は「イタリアから日本にホームステイに来たけど、ステイ先とうまくいかなくて」と、ここに住んでいたし。基本的に、これがダメとか、そういうことは何も決めていなくて、「来たいんだったら、どうぞ」という感じですね。

◇

この誰でもどうぞ、という誰に対しても開かれた環境は、競合する石鹸会社に対しても同様だ。石鹸の作り方を教えてほしいという人や企業に対して、惜しげもなく、石鹸作りのノウハウを教えてしまう。実際にその後、ねば塾で石鹸作りを教えてもらったという石鹸メーカーの人とも会うことができた。聞くと、住み込みで教えてもらえたという。一方、ねば塾にも突然、「東京で石鹸を作っている」と名乗る人が長靴持参で訪れて石鹸作りを教えてくれ、石鹸作りの技術が向上したという。善意の輪が数珠つなぎのように回っている。

正直であること。それは競争においてはマイナスに働くことも多いが、応援においては、これ以上のものはないほどの強みだ。そして、関係に計算がないこと、善意があること。これが応援される要素、「純粋さ」となっている。

第４章

応援される会社「４つの必要条件」

これからのマーケティングに必要な要素

数千GRP（延べ視聴率）のテレビCMを注ぎ込んで、銘柄認知率を一気に上昇させれば何とかなる。キャンペーンと称し、流通業者や消費者への利益誘導を行えば結果はついてくる。──こうした発想がすでに前時代的なものであることは、お気づきであろう。いやそれどころか、**力を前提としたマーケティングは消費者に嫌われ、むしろ逆効果を及ぼしかねない時代である。**

一方、ツイッターの「中の人」がふと漏らした一言に多数のフォロワーが敏感に反応し、それをきっかけに他社とのコラボ商品が誕生、それが飛ぶように売れていくような信じられない事態が生じている。開発、広告、販促コストすべてゼロによるマーケティングが成立しているのである。

このような大きな地殻変動を、どう捉えればよいのだろうか。ブランディング行動の主体が、企業から顧客へと移動しているとみなせば、もはやSTP$_{40}$とか4P$_{41}$といった、今までのレベルとは異なる地点での議論が必要なようだ。

そこで第3章でウォッチしてきた企業を中心に、「応援される経営」の共通項を導き出すことで、これからのマーケティングにおいて必要な条件とは何か、そのヒントを得てみたいと考えた。ファンやステークホルダーから熱い応援を受けるための必要条件として、ここでは①社会課題ドメイン（領域）の定義、②価値競争への転換、③内部ブランディングの優先、④ブランドコミュニティとの共栄、という４点を抽出し、それぞれについて考察してみたい。

１、社会課題ドメイン（領域）の定義→社会課題にビジネスとして取り組む

前章では、地域と自社との共有価値を見出すことで地元では圧倒的な支持を得ている企業や、社会変革に向けての理念を掲げ、果敢に困難に挑戦しているベンチャー企業などを紹介した。これらにおいては、商品・サービスを通じて社会をどう変えていきたいのか、あるいはどのような社会課題を解決したいのか、そのビジョンの鮮明さや強い決意に対して支持が集まっているのはいうまでもない。

40　「セグメンテーション」「ターゲティング」「ポジショニング」の頭文字をとったもので、従来マーケティングの基本とされてきた思考フレーム。

41　「プロダクト（製品）」「プライス（価格）」「プレイス（流通）」「プロモーション（販売促進）」の頭文字をとったキーワード。これらの組み合わせ（マーケティングミックス）が戦略策定の基本とされてきた。

「儲けること」は良いことに違いないが、それ自体が企業目的なのではなく、何のために、誰のために儲けるのか、という当たり前の議論ができる機運が訪れているように思う。筆者は大学で学生の進路指導をしているため、意識の高い学生ほど民間企業ではなくＮＰＯへの関心が高いとか、金融機関でも都市銀行より地域密着型の信用金庫のほうに人気が集まってきている、といった状況を肌で感じている。

もちろん大抵の企業の経営理念には「社会のお役に立つ」といった文言が記されている。とはいうものの、現実には株主の厳しい配当要求に応えることを目的とした、利益第一の経営が行われているのが実態であろう。応援される経営・第一の条件とは、字義通りの「お役立ち」を愚直に志向するということである。

そのためにはまず、自社が取り組むべき社会課題とは何か、そのテーマや対象者、エリア、期間などをはっきりと定義し、内外に宣言することであろう。これを、企業が取り組む「社会課題ドメイン（領域）」と呼んでみたい。企業理念と事業領域との中間に立つ企業アイデンティティのあり方といえるだろう。

社会課題とはいっても、すべての企業が温暖化防止や食糧問題など、大上段に構えたテーマ設定をする必要はない。身近な、実感溢れるレベルの課題認識が大切である。具体例を挙げよう。筆者の勤務先・新宿区の高田馬場は古くからの学生街というイメージが強いが、現在では中国人・ミャンマー人・ベトナム人といった外国人留学生が圧倒的に増加し、まさに人種の坩堝《るつぼ》と化している。こうした地域の課題は「異なる価値観を持つ者同士の相互理解」であり、個々の商店レベルでもそれに取り組むことは不可能ではない。そしてこのテーマへの取り組みは、ビジネスにも直結するはずなのである。

ＣＳＶと日本的経営の伝統

ドラッカーは「企業の目的とは、社会的な目的を実現すること」と述べた。手段と目的を混同しないことを戒めた金言であろう。ここでは10年ほど前から、ポーター、クラマーらによって提唱されてきたＣＳＶ（Creating Shared Value＝共通価値の創造）の概念について振り返ってみよう。[42]

ＣＳＶとは、企業が環境や貧困といった社会課題に対して、納税による公共サービスやＣＳＲ（企業の社会的責任）の枠組みではなく、ビジネスとして直接推進する取り組みのこと

42　Porter, M. E., Kramer, M. R.（2006）Strategy & Society: The Link Between Competitive Advantage and Corporate Social Responsibility, *Harvard Business Review*

を指す。社会的価値（課題解決）と経済的価値（利益）を同時に達成するための方法論として、一世を風靡した感もある理念だ。

マイクロファイナンスの取り組みでノーベル平和賞を受賞したバングラデシュ・グラミン銀行のムハマド・ユヌス氏[43]は、ビジネスの一環として社会課題に取り組む理由として、「需要を見極めることができるから」「無料サービスに依存する弊害を回避するため」と述べている。[44]バングラデシュでは貧困問題に取り組むにあたり、健全で持続性ある事業展開の中で解決していく方法が必要だった。海外からの援助に依存すると、経済状況の変化や政情不安などにより、それが受けられなくなった時のリスクが大きい。ビジネスとして富を生み出し、それを再投資することによって、継続的かつスケールを持った取り組みにつなげていくのがCSVのスタンスである。いわば、ソーシャルビジネスの思想や仕組みを、経営の中に取り入れていくということにほかならない。

これは余裕のある大企業だから取り組めること、ではない。むしろ中小企業こそ、着目すべきである。中小企業白書（2016）でも「地域課題は、日頃から地域に根ざした事業活動を行う中小企業・小規模事業者が身近に感じることができる課題であり、大企業には捉えることができないニッチなものも多い」と指摘されている。段取りや根回しなどを気にせず、即座に取り組める立場にある、という条件も大きいかもしれない。

ただし今さらＣＳＶなどと言われなくても、近江商人の「三方よし（売り手よし、買い手よし、世間よし）」に代表されるように、わが国においては伝統的に商人による社会貢献・富の還元が美徳とされ、その精神は今日に至るまで脈々と受け継がれてきた。例えば、ヤマサ醤油７代目経営者である濱口儀兵衛（１８２０〜１８８５）は、和歌山県広川町の人々を大津波から救っただけでなく、私財を投げうって町の復興に尽力したことで知られている。クラレ、クラボウの創始者・大原孫三郎（１８８０〜１９４３）は、紡績産業を興し、岡山県倉敷市の社会インフラの整備や、文化水準の向上に邁進した。しかもこうした例は、氷山の一角にすぎないのである。

よって本項の議論は、日本の商人道の良き伝統を、現代に蘇らせるための方法論の一つといえるのかもしれない。

43　貧しい人々向けに小口の融資を行い、事業者としての独立を支援する事業

44　名和高司（２０１５）『ＣＳＶ経営戦略―本業での高収益と、社会の課題を同時に解決する』東洋経済新報社

社会課題ドメイン設定へのポイント

すでにＣＳＲ（企業の社会的責任）という立場から自社が取り組んできたテーマをビジネスとして発展させてもいいし、ＳＤＧｓ（持続可能な開発目標[45]）などを参考に社内で議論するのも有効だろう。いずれにせよ、借り物ではなく内発的なテーマ設定が求められるところだ。ではこうした社会課題ドメイン設定に向けては、どのような考え方が必要だろうか。ここではいくつかの事例から紐解いて、３つの手法を示したい。

（1）貢献対象の気持ちが理解できる範囲のニッチな市場を深掘りする

経営者・社員が、対象顧客と同じ立場にあること、あるいは顧客と同様の体験を有することで、内発的なテーマ設定が可能になる。

バリアフリー・ユニバーサルデザイン推進功労者表彰や内閣総理大臣賞など、数々の表彰を受けている「東京信友」（東京都新宿区）という福祉機器メーカーがある。同社では、社長の齋藤勝氏自らの聴覚障がい体験から、振動で来客や着信などを知らせる腕時計「シルウォッチ」などを生み出してきた。「聴覚障がい者の安心・安全な生活環境の提供」こそ、同社の社会課題ドメインである。

日本初のペット保険を開発した「アニコム損害保険」（東京都新宿区）の目指す地点とは「ペットオーナーの涙をなくす」である。同社は、ペット保険によってオーナーの経済的負担を軽減するだけでなく、全国の動物病院との連携、動物医療データに基づく予防情報の提供、ペット用新薬の開発などにも努めている。社員全員が「ペット好き」なのはいうまでもない。

(2)「経営資源」にまで遡って自社が取り組めるテーマを探す

現在の事業内容や商品領域が、直接社会課題の解決につながる方法が見出せれば理想だが、そうでない場合、自社の持つ経営資源を一度棚卸しして、遡って何ができるのかを見出していくステップが求められる。

製造業においては、自社技術の応用領域を探し出すということである。写真フィルム事業の生産量が10分の1になり、事業の構造改革を断行した「富士フイルム」においても、新事

45　2015年9月の国連総会で採択された「我々の世界を変革する：持続可能な開発のための2030アジェンダ」と題する行動指針。貧困、飢餓、保健・福祉、教育、ジェンダー平等、安全な水とトイレ、エネルギーなど17の目標が設定されている。

業の方向性は社会課題の解決にあった。その結果、ヘルスケア・医療品・再生医療など、保有技術を使って進出できる新規市場へのアプローチを進めていった。そうした中で「高度先進予防」という独自のテーマが導き出される。その際に、写真フィルムで培ったコラーゲン技術、抗酸化技術、ナノテクノロジー、光解析コントロール技術が「アスタリフト」というスキンケア商品に結集されることになったのである[46]（もちろん自社技術だけでは事業化が難しく、提携や買収などの選択に迫られる可能性も考えるべきだが）。

大企業においては「社員数」も経営資源の一つとなる。ＹＫＫは富山県黒部市のまちづくりに協力し、新たな社員寮を建設している。ここへは１万４０００㎡の区域に約１００人の社員が移住、寮の中にはあえて食堂を設けず、地域の飲食店を利用することで、経済的還元と地元交流を図るという。さらに黒部市内で、風、地下水、太陽など地域の自然資源を使ってエネルギー消費を低下させようとする２５０戸の街づくり「パッシブタウン計画」も進めている。社員が在住する理想的な街をつくるという取り組みである。

（３）バリューチェーン全体の中での社会課題解決

調達、開発、製造、販売、物流、ユーザーサポート、社員向けサービスといったバリューチェーン[47]全体の中で、社会課題に貢献できるプロセスを探してみる方法もある。

その一つの選択肢として「雇用」を通じた貢献策は有力である。国策であったとはいうものの、多くの保険会社は戦後まもなく戦争未亡人を保険外交員として起用した。ヤクルト本社では、雇用の男女差が大きかった１９６０年代に、女性の社会進出に寄与しようとヤクルトレディの雇用を開始する。なお近年、特例子会社を設立して障がい者雇用の枠を増やし、社内ルーチン作業を委託する企業も増えてきたが、実態はまだまだこれからの状態である。

ＡＩや海外の労働力に仕事を奪われるという危機感が芽生える中、「雇用」を通じた社会課題の解決は、納税以上に経営の責務として意識されていかねばならないテーマであろう。

2、価値競争への転換→コモディティ化を加速する価値観を見直す

法政大学大学院の坂本光司教授らによる調査によると、わが国の中小企業の約8割は価格競争を強いられているという。同氏は価格競争からの脱皮を訴え、非価格競争を進める中小

46　伊藤公介（２０１７）『富士フイルムの「変える力」』ぱる出版

47　原材料の調達から顧客に商品が届くまでの全企業活動を、一連の価値の連鎖として捉える考え方。

企業の地道な取材を通じ、新しい日本経済のあり方を提唱している。[48]

さて、ブランドと対比されてよくやり玉に挙がるのが、「コモディティ」という概念だ。たいていのマーケティングの教科書には、価格競争に飲み込まれるコモディティではなく、ブランドを目指すべきだと書かれている。とはいえ、多くの企業が自社商品を自ら率先してコモディティ化しているのではないか、コモディティ化を促進する価値観に縛られているのではないか、と感じることもある。価格弾力性のある市場、価格で左右されるような取引慣習からの逸脱を志向すべきなのは頭でわかっていても、そこから脱し切れない体質ができてしまっている。

失われた20年の間、日本企業は海外、とりわけ中国や東南アジアの安い労働力を背景にした低価格製品による勝負に終始してきた。そこには徹底した合理化やリストラなども含まれていたのではあるが、どちらかというと安い人件費を求めて人材市場を彷徨《さまよ》ってきた印象が強い。アルバイトに過剰な責任を押しつける今日の小売業・飲食店も同様である。格差による利ざやを追求するのは商売の本質ともいえるが、このゲームのルールは根本的に見直されなければならない。

また、わざわざ他社と同じ土俵に立ち、小さな記号的差異による競争を繰り広げてきた点にも問題がある。典型的なのは携帯キャリアのＣＭだ。情報革命とグローバル化が、少なくともビジネスの分野においては世界レベルで均一化を進めている。それをグローバルスタンダードと呼んで追随するのか、そこことは別の方向に自らの個性を磨いて突出していくのか、今や多くの企業で大事な選択を迫られている。

価格は絶対値ではなく満足度

ある日拙宅に、自動車メーカー系列の販売店の営業担当から電話がかかってきた。車検の時期なのでウチでやってくださ い、というよくあるセールスである。ダイレクトメールはすでに届いており、そのディーラーの見積額は７万円台、一方民間車検の専門店では何と１万５０００円である。筆者がそちらの専門店に予約をしてしまった、と答えると、相手先の見積額と同じ金額で整備するから当社でお願いしたい、と食い下がってきた。一瞬心が動いたが、では一体、当初の見積額は何だったんだろうか、こちらが他社で検討しなければ、７万円という額をそのまま請求したのだろうか、という疑問が持ち上がった。二度とこのディーラーで車検整備を行わないことに決めたのは、価格の高低ではなく、価格設定への不信感か

48　坂本光司＆坂本光司研究室（２０１６）『さらば価格競争』商業界

らであった。

第3章で眺めてきた企業においては、高価格・プレミアム価格でも商品が売れていく例が多かった。それだけの高い品質が商品に備わっているのはもちろんなのだが、その価格で売るだけの確固たる理由が示され、顧客との間でそれが共有されている点にこそ注目したい。そのため、顧客は価格の高い、低いに関係なく、価格に対する納得感、満足度、信頼感から購入し続けるのだ。だから、フルスペックで高価格にすればいいという単純な話ではない。

一方で、ラーメン二郎や、1個100円のおはぎを一日5000個売る「主婦の店 さいち」のように、高価格志向ではなく、自分たちが考える適正価格で勝負するという姿勢もある。例えば、狭い店舗で立ち食いという悪条件は我慢してほしい、その代わりに最高級の料理を原価率60%の低価格で提供します、という「俺の株式会社」（東京都中央区）のようなスタイルにも共感が集まっている。これらの企業は**価格設定にポリシーが貫かれているの**であって、決して「安さ」で勝負しているわけではない。

マーケティングの4Pの一つにプライス（価格）があるが、「価格」を「プロダクト（商品）」と切り離して、独立変数のように扱うことがそもそも間違いなのではないか。むしろ、商品・サービスの要素の一つとして「価格」を捉え、価値を生み出す源泉と位置づければ、おのずと戦略は変わっていくように思う。

価値競争へのポイント

「価格競争から価値競争へ」は今日における喫緊の課題である。そこに向かうにはどうすればよいだろうか。以下ではその論点を３つほど紹介してみたい。

(1) 商品開発からジャンル創造へ

ベンチャーウイスキーの「イチローズモルト」は、日本初のマイクロブリュワリーが生み出したシングルモルトウイスキーとして独自の市場をつくった。蒸留所の個性、その年ごと、樽ごとの個性を味わうという楽しみを、ファンに提供することができるようになったのである。その後、同社に追随する蒸留所が全国に設立され、日本にシングルモルトの新時代を到来させた。イチローズモルトは今やプレミア価格がつき、一般の小売店では入手困難な状況にすらある。そのため、全国の酒屋に流通する大手酒造メーカーの商品とは競合しない。なぜなら同じウイスキーではあるが、消費者からすれば、別ジャンルの存在と認識されているからだ。

このように既存ジャンルの中でもニッチでトップの座をつくり出し、独自のジャンルを確立すれば、実質的なブルーオーシャン（競合なし状態）が待っている。そのためにはまず、商品の完成度だけでなく、長期的に使用できるビジネスのフォーマットを持つことが大切である。また、既存の業界秩序に疑問を抱き、同じ志を持つ人とともに、新たな「業界」を創り出す気概も求められる。環境危機に警鐘を鳴らし、環境に配慮するアウトドア製品をつくり続けてきたパタゴニアの創業者イヴォン・シュイナードは、自らが先導することで「他社を動かせ」と述べる。[49] 単なるポジショニング戦略では済まされないのだ。

そして、ニッチでトップの座を確立したからといって、そこに安住しているわけにはいかない。なぜならば必ず大手がその市場に目をつけてくるからである。そのためには、ニッチトップ商品を軸とした事業拡大も視野に入れるべきだ。

「フロイント産業」（東京都新宿区）は、医薬品の造粒・コーティング装置の国内シェア7割を誇るグローバルニッチトップ企業である。国内にほとんど競争相手はおらず、世界ビッグスリーの一社と位置づけられている。現在は機器の製造にとどまらず、自社製の機器を使った医薬品添加物の製造受託事業を開始している。同社では機械を「ペン」、化成品を「インク」に例えて事業モデルを説明し、その双方を備えた「書くこと」という価値を提供する企業への成長を目指している。このようにジャンル創造は、自社の事業をデファクト（業界標準）化したうえで周辺事業を取り込み、領域を拡大していく選択も可能となるのである。

（２）モノづくりからコトづくりへ

日本人を対象としたエアライン満足度調査で5年連続ナンバー1の座に輝いた[50]のは「シンガポール航空」である。同社は「最上級のくつろぎの時間を提供する」という方針の下、ラウンジでの快適体験、世界最新の機体、アジアのホスピタリティを体現した客室乗務員「シンガポール・ガール」、そのコスチューム「サロンケバヤ」、ステファン・フロリディアン・ウォーターズによる独特の香り、著名料理人を起用した機内食、機内エンターテインメント「クリスワールド」、まるでアート系映画のような機内安全ビデオ、といった構成要素により、同社独自のブランド体験を提供している点が特徴である。これにより海外旅行の手段としてではなく、搭乗自体を目的とする乗客を増やし続けている。

49　イヴォン・シュイナード、井口耕二（訳）（２０１７）『新版　社員をサーフィンに行かせよう――パタゴニア経営のすべて』ダイヤモンド社
50　エイビーロード・リサーチ・センター調査（２０１２〜２０１６年）

このように、一貫した意味を持つ体験（コト）の提供が大きな意味を持ってきている。すでに説明しているスターバックスやハーレーダビッドソンなども同様だが、**ブランド固有の総合的な世界観をつくり上げること**は、経験価値マーケティングの必須条件である。その際、核となる商品・サービスはその世界観の中にビルトインされるパーツである。モノづくり、商品づくりも大切ではあるが、それらを利用する理想的な環境（コンテクスト）をデザインするという発想が要請されるのだ。

こうした背景から、五感によるブランド体験が得られる工場、企業博物館、ショールーム、旗艦店などの場づくりが盛んである。近年、メルセデス・ベンツ、フィアット、アウディなど、輸入車各社が続々とブランドカフェとでも呼ぶべき空間をオープンしたのもその一環であろう。また工場見学は、企業姿勢に対するユーザーの信頼感を高めるとともに、「産業観光」の一形態としても注目されており、国内で千あまりの施設が見学対応といわれている。酒蔵見学にマグロの解体ショーやバンド演奏などを加えた演出でファンを広げている「清龍酒造」（埼玉県蓮田市）のように、ユニークな事例も次々と登場してきている。

（３）工業製品から工芸製品へ

では、モノづくりには未来はないのだろうか。ここでは一つの切り口として、工業製品ではなく工芸製品としての道を歩む、あるいは工業製品の中に工芸的な要素を取り入れる方向性を考えてみたい。

「日本の工芸を元気にする」というスローガンを掲げる中川政七商店、燕三条地区の伝統的な金属加工技術を製品化に生かしたスノーピーク、日本のカバン職人を絶対絶やさないという方針を守り続ける吉田カバン、すべて職人の手作業でボディのデザインを仕上げる「光岡自動車」（富山市）など、伝統技術や職人の技を今日的価値に転化している企業が、強い存在感を発揮する時代になりつつある。マザーハウスのように、発展途上国の伝統技術を生かし、それを守りながら、先進国で価値のある商品を製造・販売する企業も現れてきた。

大企業では大量生産を前提とする商品に傾きがちであるが、蒔き絵を施した万年筆を発売しているパイロット、きり金《かね》を用いた高級オルゴールの製造に乗り出した日本電産など、高度な匠の技を製品化に取り入れようとする志向は高まってきているように思う。

光岡自動車のディーラーに話を聞いたところ、光岡ユーザーは一度購入した車に愛着が生まれて来るためなかなか手放そうとしない、ともいう。ベンチャーウイスキーが火をつけたシングルモルトブームの裏側には、手作りゆえの「ブレ」を楽しむ姿勢の芽生えがある。生涯価値で考えれば、多少価格は高くてもこうした商品こそ〝お得〟と考える消費者が現れてきたということだ。消費者は大量生産の規格品にはすでに飽き飽きしている。商品の唯一無二性が、愛着や称賛、再購入、他者への推奨を促しているのである。

なおこの現代的工芸化は、製造業に限ったテーマではない。小売りや卸といった流通業こそこうした視点を持ち、伝統技術を取り込んだSPA（製造小売業）を目指すべきだという考え方もある。京都で400年以上の伝統を持つ綿布商の「永楽屋」では、明治から昭和初期にかけて実際に販売していた手ぬぐいを復刻し、「町家手拭《てぬぐい》」として販売している。ちなみにネット通販の手拭の価格は、最安値でも1枚1728円である。十四世細辻伊兵衛社長が自ら、京都各地の優秀な職人を探して伝統技術を復活させたという。

サービス業においても例外ではなく、美容師、マッサージ師、塾講師、家電修理など、「サービス芸術」と呼べるようなレベルにまでその技術を高めているプロフェッショナルは全国に数多く存在する。例えば、簡単には使いこなすことのできない巨大建機や輸送機器などは、運転手の職人技ともいえる技芸を〝売り〟にする方法を考えてもよいはずである。

３、内部（インターナル）ブランディングの優先→「社内」が抜け落ちたブランド理論

筆者は１９９０年代初頭、ＮＴＴグループ企業の分社ＣＩ（コーポレート・アイデンティティ）において数々のプロジェクトに関わらせていただいた。その際、社名・シンボルマーク立案というクリエイティブ作業は伴ったものの、社員の意識改革に比重が置かれたケースが非常に多かったと記憶している。ＣＩは社員の思考・行動改革とコーポレートブランディングが一体化された有力な日本型経営革新手法であった。「形（デザイン）から入る」というパターンと、膨大なコンサルティングフィーに対する批判はあったが、それなりの効果も見込めたため、一時は大ブームになった。

しかしながらいつの間にか、ＣＩにとって代わって「ブランド」という言葉が台頭してきた。こうしたブランド論隆盛のきっかけとは、Ｍ＆Ａの過熱化やベンチャーゲームである。いわゆる「のれん代」、つまり金融資産としてブランドを捉えようとする会計サイドからの関心が、その起点にあった。

もちろんブランドが大切なのはいうまでもないのだが、こうした流れの中、企業実態は差し置いて、外側から見られるイメージ重視の傾向が強まってきたような気がしてならない。ブランディングは企業経営の本質から外れて、宣伝部やマーケティング部門が担うイメージ戦略のような作業に収斂《しゅうれん》していく。さらに経営は、人件費や外注費、社員のモチベーションを押さえつけたまま利益率の確保や認証取得など、外面を整える企業づくりに邁進し始める。

その結果が、知名度は一流だが現場はブラックという大企業、扱う商品は有名だが働き甲斐に乏しく人材が定着しない小売業、創業社長だけが講演や社会活動に熱心で社員教育すらままならないベンチャー企業などが、次々と生まれていくような状況である。そしてその実態を、社員のみならず、アルバイトやインターンシップ学生にまでネットで暴露される世の中になってしまった。

だが今回見てきたような企業のほとんどは、これらとは真逆の方向にある。内なる顧客の声を信じる、ファーストユーザーとして社員を位置づける、ブランドを体現する社員を育てる、が基本軸であり、まず社内を固めてから外に打って出る姿勢を表明している。社員及びその家族が幸せになることを第一義とし、そのお裾分けとしてお客様にも幸せを差し上げる

という レストランチェーン「坂東太郎」（茨城県古河市）などもそうした事例のひとつだろう。**内側からのブランディングが顧客及び社会に溢れ出るタイプの企業こそ、結局は強い支持を集める結果になっている。**

内部ブランディングの手法

内部（インターナル）ブランディングに関しては、決め手になる画期的な方法論があるわけではない。「社長キャラバン」[51]や「車座ミーティング」、「ベストプラクティスの共有」[52]など、泥臭い地道な方法がいまだに主流である。

さらには、結果がすぐに表れるわけではない点にも留意が必要だ。手間暇をかけ、苦労して取り組んだ割にはすぐには形にならないことも多い。結果が出ないものを即座に斬り捨てる経営者の英断力はときに重要だが、内部ブランディングへの取り組みにおいてはそれが短

51　いずれも社長自らが全部門・支社を回り、現場社員と対話する手法。前時代的ではあるが、モチベーション向上への効果が高いと目されている。
52　社員の成功事例を個人や一部門だけの知見にとどめることなく、全社員・全部門で共有し、企業全体のノウハウにしていこうとするナレッジマネジメント手法。

絡思考につながる可能性もある。ヤッホーブルーイングの井手社長はチームビルディングという手法を信じ、経営危機の中でも最優先事項としてその研修を継続したという。イノベーションを生み出す胎盤としての「良好な社内関係」を、労を尽くして作り上げる必要性を強く印象づけるエピソードであろう。

ここでは絶対的な方法論がないことを前提に、今日的な内部ブランディングの３つのポイントを示してみたい。

(1) 戦略的な行動規範を設定する

行動規範とは、社員が前例のない予期せぬ事態に陥った時、あるいは判断に迷った時に立ち返って考えられるクレド（憲章）のことである。マニュアルで対応できない事態に対し、自らの判断でそれを乗り切れるようにするための基本指針ということだ。

社員が経営理念に心酔している企業は、時に宗教団体的であると批判されることも多い。確かに理念を盲信して判断停止するのでは、社員の成長はおぼつかない。理念とはそこを起点として、自ら考えを深めていく材料でなければならない。

東日本大震災の当日、オリエンタルランドのスタッフがとった行動については随所で語り草になっているのでご存知の方も多いものと思う。ディズニーテーマパークにおける「The Four Keys～４つの鍵～」という行動規準とは、Safety（安全）、Courtesy（礼儀正しさ）、Show（ショー）、Efficiency（効率）のことであり、優先順位はその順序通りである。震災直後、４つの鍵が叩き込まれていたスタッフたちは、何よりも来場客の安全を最優先する行動をとった。

こうした行動規範の中に企業の固有性を組み込んで旗印にしたり、憶《おぼ》えやすい魅力的なフレーズにしたりすることが、いざという時の社員の行動に影響を与えるのである。

（2）身体的・感情的な共通体験を持つ

ブランディング研修などを通じて座学で学ぶ、先行事例を共有する、といった知的な理解を推し進めることも大切である。しかしそれ以上に、身体的レベルでの調和と共鳴を生み出すきっかけづくりが非常に重要となる。

セゾンファクトリーでは社内運動会を年10回ほど開催している。他にも新入社員が１カ月かけて準備した余興を披露し、全社員が出身高校別に校歌斉唱合戦を行う「大桜祭り」、大型プールにひとりひとりが放り込まれる「ビアパーティ」など、肉体系イベントが目白押しだ。この「超体育会主義」を通じて社内は団結し、結果的にはブランド体現者に仕上がっていくという。[53]

異物混入問題から赤字に転落した「日本マクドナルド」では２０１６年、「POWER of ONE」と称する意識改革策を導入した。全国12万人のクルーが自分たちで工夫したダンスを踊ることにより、社内の一体感やモチベーション向上を目指した。２０１７年の全体会議のステージでダンスが披露され、改革の主役は従業員であること、フランチャイジー（加盟店）と本社との結束を訴えることにつながったという。[54]

さらには近年、〝社歌〟が注目されているのをご存知の方も多いだろう。例えば「キッコーマン」では、２０１０年に新しい社歌『おいしい記憶』『おいしいってなあに』（秋元康作詞・大島ミチル作曲）を作成し、式典や消費者参加イベントに使用している。文具・事務用品卸の「クラブン」（岡山県倉敷市）が制作した『社歌ラップ』は社歌動画コンテストで優勝、ユーチューブに配信した動画は採用活動にも好影響を与えているという。

この背景には、互いに干渉を避けようとする価値観の浸透、ＩＴ化による直接対話の減少、専門性の高まりによる業務細分化などの時代状況がある。企業によっては、異なるロケーションで働く社員間の相互理解も必要だ。**一見旧態依然としたような身体的・感情的な共鳴は、**

現代の若者にとっては極めて貴重な体験なのである。

（３）ユニークな研修手法や人事制度を導入する

社員を育成し、社員ひとりひとりがブランドを担うという考え方を定着させるためには、日常業務の場が最も大切なのはいうまでもない。しかしながら、他社にはない特殊な制度や研修をあえて実施することにより、なぜそれが不可欠なのか、なぜそこに経営者はこだわるのかを社員に考えてもらうきっかけとするのも効果的である。

マザーハウスには「アート助成金」という制度がある。社員が月４回まで、美術館展覧会へのチケット代を会社が負担するという、教養や感性、クリエイティビティ育成システムである。

「矢崎総業」（静岡県裾野市）は内定者に1年間の海外武者修行に出てもらう「アドベンチャースクール」という名の研修システムを持つ。もちろん自由参加なので、拒否しても入社後の評価に何ら影響があるものではないが、過去13年間で１０００人以上が参加したといわ

53　齋藤峰彰（２０１４）『セゾンファクトリー　社員と熱狂する経営』日経ＢＰ社
54　『広報会議』２０１７年９月号、宣伝会議

れる。社是「世界とともにある」「社会から必要とされる」とはどういうことなのかを、若いうちに体感してもらおうという意図が強く伝わってくる施策であろう。

内部ブランディングの留意点

中小企業の場合、経営者自らがコーポレートブランドの体現者であると同時に、社員を牽引する立場にあるのは間違いない。しかし経営者の話がときに教条的になりすぎるために社員に煙たがられ、徐々にその効果が薄れることもある。したがって社外メンター（指導員）による社員の意識改革という手段も考えておいたほうがよい。例えば、毎年のようにグッドデザイン賞を受賞している家電製品の「バルミューダ」（東京都武蔵野市）では、社外の著名なプロダクトデザイナーを相談役として起用し、エグゼクティブ（経営者向け）コーチングを進めるとともに、自社のデザイン力底上げにつなげている。

また、**人事部門と広報部門との連携が必要**であるのはいうまでもない。人材系の専門家とブランドの専門家とでは全くの畑違いである。しかし内部ブランディングにおいてはこれらがうまく連携しないと意味がない。例えば福利厚生の充実といっても何を優先すべきなのか、そこにはブランドの個性が色濃く反映されるべきである。当然、人材教育会社に社員研修を丸投げする姿勢では良い結果にはつながらないだろう。

さらに「内部」とはバリューチェーン全体を意味することもある、という点も意識しておきたい。仕入先、協力企業、代理店、加盟店、アルバイトなど、商品・サービスが顧客に届くまでのプロセスに関わる人すべてがブランドを担っていると考えた場合、内輪の社員だけを対象にした意識改革だけでは不十分だといわざるを得ない。

フルーツパーラーでお馴染みの「新宿高野」は、新宿御苑で栽培したマスクメロンを販売するなど、地産地消の先駆的存在でもある。同社が近年力を入れているのは「日本の果物農業の健全な発展」というテーマだ。新宿本店でセミナーを開催し、生産者と消費者との直接対話を促したり、新宿高野の社員が直接産地に赴いて地域ブランド開発のコンサルティングを行ったりしている。生産者もまた、チームの一員だという発想がここにある。

4、ブランドコミュニティとの共栄→ブランドコミュニティ台頭の背景

応援される企業の条件の４つめは、ブランドコミュニティの存在である。ここでいうブランドコミュニティとは、単なるユーザー組織ではない。また、ポイント・インセンティブな

どによって組織化されたお客様友の会とも異なる。

定義としては「ブランドに対して肯定的な感情を有する人々の社会的関係からなるネットワーク」[55]となる。つまり企業が示した特典からではなく、知的興味や仲間づくりなどの自発的な動機から顧客が参加する組織のことを指している。

こうしたブランドコミュニティが注目された背景には、従来からあった地域社会や学校、職場などの中間集団が機能しなくなってきたこと、その代わりに共通の趣味・関心・ライフスタイルを持った人たちがネットを通じて知り合い、情報交換や行動を共にするという現象が表れたこと、さらには震災などの経験を通じて、地域・国籍・世代を超えた横のつながりの大切さを意識し合う時代になってきたこと[56]などがあるといわれる。

マーケティング研究においてブランドコミュニティは、高次のロイヤルティ（帰属意識）を生み出す母体であるとして、ネットが本格的に普及する以前から注目されてきた。ニフティ・サーブ（パソコン通信）の掲示板で、ドラマ『踊る大捜査線』のファンとスタッフとの間で交流が生まれ、それが２００億円超の興行収入の大ヒット映画に発展する基盤をつくったケース、パナソニックのＰＣ「レッツノート」やシャープの電子機器「ザウルス」のユーザーが商品の改善点を自発的に語り合い、それをメーカー側が採り入れていったケースなどが大いに注目されたものである。

レゴ（デンマーク）の「LEGO CUUSOO（レゴクーソー）」（現在の「LEGO IDEAS」）[57]や良品計画の「モノづくりコミュニティー」（現在はくらしの良品研究所「IDEA PARK」に統合）といったオープンソース・コミュニティから生まれたユーザーの発案が、それぞれの企業の経営危機を救うヒット商品につながった事例もまた、強いインパクトを与えた。

ただしこれは、ネットコミュニティだけの話ではない。ハーレーダビッドソンジャパンのH．O．G．やニコンのカメラ・レンズ愛好家組織「ニッコールクラブ」などは、顔の見えるリアルなつながりを基盤としてきた。また、公式に組織化されたものではなく、経営者やカリスマユーザーを中心としたファンの集いなどが、実質的なブランドコミュニティとなっているケースもある。なお、自動車やバイク、ＰＣ、化粧品、旅行といったこだわりの強い

55　陶山計介（２０１２）「ブランドのコミュニティ機能――震災後求められるブランド価値」『日経広告研究所報』第２６３号

56　鈴木雄也・後藤こず恵・羽藤雅彦（２０１４）「震災とブランド・コミュニティ――生協利用者の意識について」大阪産業大学経営論集 15（2-3）

57　レゴでは有人潜水調査船「しんかい ６５００」（２０１１年発売）以来、日本人ユーザーによる商品企画が実現化されてきている。

商品領域だけでなく、流通業や清涼飲料などの一般消費財分野においてもブランドコミュニティが成立することがわかっている。

ブランドコミュニティの構成員には、ブランドに対する愛着心や、その製品・サービスを使うことに対する誇り、それを他者に勧めたいという気持ちがあることが最大の特徴だ。しかしその帰属意識の対象はブランドや企業だけでなく、同じコミュニティに属する人々に対しても向けられている。また、**他者との一体感・同類意識が芽生えたり、コミュニティの中での儀式や伝統、利用文化といったものが生み出されたりもしている**。さらには、ベテランが初心者に使い方を教えるなど、メンバーに対する道徳的な責任感が生じているのもその特徴である。[58]

ブランドコミュニティの類型とメリット

ブランドコミュニティの類型を、マーケティング目的から「共創型」「ファン醸成型」「カスタマーサポート型」に分けて考えることもできるし、顧客の参加動機から「オーナー型」「パートナー型」「パーク型」といった分類をすることも可能であろう。最近では、「アジャイルメディア・ネットワーク」（東京都港区）が運営する「アンバサダープログラム」のよ

分析軸	ブランドコミュニティの発現形態	
交流の場	オンライン中心	オフライン中心
	ブランドサイト	ソーシャルメディア
発起・運営主体	企業発信型	消費者発信型
	企業内製型	アウトソーシング型
参加条件	VIP限定	全ユーザー対象
	購買条件	オープン参加
ブランドのレベル	企業ブランド	商品・事業ブランド
参加者の関心範囲	メインテーマ	スピンオフ(サブ)テーマ
	特定ブランド	ブランドのカテゴリー
	モノ的関心	コト的関心
	ブランドの世界観	主宰者(人)への関心
	知識の獲得	インセンティブ獲得
参加目的	交流目的型	目的(商品開発など)達成型
	実利的	快楽的
つながりの強さ	強いつながり	緩い(ツイッターなど)つながり
参加者の知識レベル	一般消費者レベル	専門家・マニアレベル
	参加者間の階層性あり	階層性なし(フラット)
組織化の規模	大規模組織	小規模組織
	全国規模	店舗・地域単位
	国際的	ドメスティック
組織化の時間	中長期的コミュニティ	短期的コミュニティ

図4

うに、熱狂的ファンとブランドとを結びつけるビジネスも成立している。

ただし企業の形が百社百様であるのと同様に、コミュニティの形も千差万別といえよう。今日においてはソーシャルメディアの登場やテーマの分化により、さらにその形態は多様化している。かつては「オンラインとオフライン」「企業発信型と消費者発信型」で分類することが多かったが、今や多数の軸を必要とするようになった。

ここでは10の分析軸を示し、ブランドコミュニティの発現形態を紹介することにしたい（179ページ、図4）。もっともこれらの二項対立的な分類はあくまで便宜的なものであり、参考程度にとどめてほしい。例えばインセンティブ欲しさでコミュニティに参加したユーザーが、やがて利用知識の獲得に面白みを見出していく、といったケースもあるだろう。ブランドそのものが好きだったが、気の利いたリプ（返信）をくれる管理人さんが気に入り、常連になったという話もよく聞く。つまりブランドコミュニティは、**固定的な組織というより、常に変転していく生き物のような存在**とみなしたほうがよいのかもしれない。

次に、ブランドコミュニティの効果について考えてみたい。これについても様々な議論があるが、大きく分けて以下の6点がその効果だといわれている。

①顧客ロイヤルティを高めることによる顧客維持効果
②ブランドへの信頼度を向上させるイメージアップ効果
③クチコミでファンを広げる市場拡大効果

④製品の改良や新製品開発のアイデアを顧客が提案する、知識創造効果
⑤利用方法をユーザー同士で教え合うことによる、サポートコストの削減効果
⑥ユーザー体験談の収集につながる情報収集効果

従来のマーケティングは、基本的にブランドと顧客とのつながりを強化しようとするのがその狙いであった。しかしブランドコミュニティの存在により、これに加えて顧客同士のつながりが強化されるという利点も生じてきている。ここではどのような形態のコミュニティが最適か、といった議論の深掘りは避けるが、今日ではSNSのフォロワーとのゆるい交流だけでも、やり方次第では十分な効果があると考えられている。[59]

58　Muniz, A. M. & O'Guinn, T. C. (2001) Brand Community, *Journal of Consumer Research*, 27
59　水越康介・及川直彦・日高靖・太駄健司（２０１２）「新しいブランドコミュニティとしてのソーシャルメディア〜コミュニティ・マネジャーの可能性〜」『季刊マーケティングジャーナル』第１２６号

ブランドコミュニティの運営に向けて

自社サイトの掲示板でコミュニティを立ち上げるだけであれば、さほど難しい話ではない。ただ、運営や組織としての発展を意識した場合に、あらかじめ考えておかなければならないポイントがあるようだ。ここでは仮に、企業サイドが立ち上げるブランドコミュニティを想定し、その留意点について若干の考察を図りたい。

(1) マーケティング効果だけを意識しない

先ほど述べたブランドコミュニティの効果とはあくまでマーケティング効果、つまり企業側のメリットのみに偏った議論である。ではこうした効果が認められなければ「失敗」というのだろうか、あるいは、効果がないとして「撤退」してしまうべきなのだろうか。今日のブランドとは、それをライフスタイルの一部に採り入れたファンのものであるという観点からも、その効果の意味を考える必要があるようだ。

第一には、ブランドコミュニティがファンとして**組織的行動を起こす際の母体**になるという利点がある。ハーレーのチャプター（支部）主催のツーリングイベントや、宝塚の「会」（私設ファンクラブ）ごとの総見・出待ちガードなどはその代表例である。

第二には、ブランドコミュニティを通じた**利用文化の創発と流通**がある。ジャニーズファンだけに通じるジャーゴン（隠語）や、ラーメン二郎の行列に並んだ客が「スープ切れ」を伝達する儀式に至るまで随所にみられる現象だが、これが消費行動を「文化」にさせている要素でもあるのだ。

第三には、顧客に直接称賛される経験を通じて、**社員のモチベーションやモラルが向上する**という効果である。これが一番大きな意味を持つのだと思う。特に製造業では、生産者が消費者の声を直接聞く機会は意外と少ない。内部ブランディングを推進するうえでも、ブランドコミュニティは有効な手段と心得たい。

ブランドコミュニティとは、こうしたマーケティング効果以外の着眼を持ちながら、つき合っていく必要があると思われる。

(2) ブランド価値の枠組みの中で参加者に自己表現の機会を与える

ユーザーコミュニティを商品の改良や、新製品開発のアイデア獲得に役立てようとする試みは、以前から盛んに行われてきた。しかし、最終的に参加者の「多数決」で新製品のスペックを決定したり、結局は新製品発表前のプロモーションの代替だったりと、古臭いマーケティングのフレームでコミュニティを利用したケースが相次いだため、参加者側が食傷気味になった時期もある。

コミュニティ参加者は、商品を利用するという面においては一消費者であるが、専門知識を有していたり、特別な技能を持っていたりする人もいる。その知識や技能を尊重し、ブランド価値向上のために協力してもらうスタンスも重要である。参加者ひとりひとりの個性を発揮してもらう場としてブランドコミュニティを位置づけることで初めて、「消費者」は「生活者」として企業と接することになるのだ。同時にここには、モノ・サービスと金銭との経済交換だけではない、新たな取引関係の形が生まれてくる可能性も秘められている。

(3)コミュニティマネージャーの社内における地位確保

特に今日においては、SNSを通じたコミュニティマネジメントが大きな意味を持ちつつある。しかし現実には、広報部門などの社員が業務の片手間に情報更新をするといった形の取り組みが主である。「最初のうちは、ネットで遊んでいると思われていた(某流通業のツイッター担当者)」というように、その重要性と比して、不当な扱いをされていることが多いようだ。最も大切な顧客組織と接する**営業兼広報担当**という立場とみなせば、コミュニテイマネージャーの育成及び権限の確保を顧慮すべきなのはいうまでもない。

【ケースインタビュー⑤】

応援することで作品が完成する――大向こうの会「弥生会」・Hさん

歌舞伎の上演中に、「成田屋！」や「よっ！　ご両人！」などと声をかける人やそのかけ声を「大向こう」という。この掛け声があって、歌舞伎の舞台にさらにメリハリが生まれ、歌舞伎の雰囲気が盛り上がる。大向こうによる掛け声は、歌舞伎の舞台への応援だ。

もちろん、この掛け声は誰でもできるが（女性はかけてはいけないという原則があるが）、この大向こうは、そのほとんどが「大向こうの会」に所属している人たちによるものだ。

日本には、東京、関西、名古屋、博多にこの大向こうの組織、「大向こうの会」がある。東京の組織の一つである「弥生会」に所属しているHさんは、20年以上、大向こうとして歌舞伎を盛り上げている。会社員として勤務した後や週末に歌舞伎に足を運ぶ毎日だ。

◇

――大向こうになったきっかけは？

小さなころから、親が演劇や歌舞伎やミュージカルなどに連れていってくれて、子供のころから歌舞伎をよく観ていました。20代になって、「やはり、歌舞伎はいいな」と頻繁に観に行くようになりました。25歳の時、上演中に大好きな役者さんに思い切って声をかけたのが、最初の経験でした。そして、27歳の時にスカウトされました。大向こうは基本的にはスカウトです。

――大向こうとはどのようなものでしょうか？

大向こうは、歌舞伎にとっての「薬味」、お寿司のわさびみたいなものだと思っています。ネタ（歌舞伎）を引き立たせるものであって、悪目立ちすることは良くないものです。でも、わさびがないお寿司が物足りないように、大向こうの声がかからない歌舞伎の舞台もなんだか活気がない。そういうものだと思っています。

しかし、大向こうは歌舞伎の舞台を活気づけ、その作品の一部と考えることもできる。下手な掛け声をかけてしまったり、ふさわしくない言葉をかけてしまったりすると、せっかくの歌舞伎役者さんの演技もつぶしてしまうので、それは気をつかいます。客席の空気感を損なわないようにしないといけないわけです。

「大向こうは客席の文化」です。ですから、タイミングや掛け声の内容などの原型を大事にして、声をかけています。その掛け声のタイミング、言葉が良かったのか、常に反省です。もちろん、自信を持って声をかけるのですが、その後はいつも改善点が見えてきます。自信と反省の繰り返しです。

――声をかける行為でいつも気にしていることは何ですか？

歌舞伎は「型の芸術」ですから、それを生かす掛け声をかけなくてはならないわけです。でも、あまりそれを意識しすぎてはいません。舞台への感動は絶対に必要です。お芝居に夢中になりながら、でも冷静さもあって、それで声をかける。舞台との会話に近いものだと思っています。

「型の芸術」であるからこそ、役者さんの個性が引き立つと思っています。同じ演目の同じ役であっても、その役者さんによって演じ方が異なり、そのたびに新たな発見があります。その個性に合わせ、大向こうも掛け声やトーンを変えていきます。役者さんのお芝居が自分の声を引っ張り出してくれますが、気を抜いていると、それが出てこない。

——今後の目標は何でしょうか。

何年も歌舞伎を見続けても、毎回、舞台に感動します。やはり、歌舞伎は奥が深い。いくら声をかけても、「今日はうまくいったな」と思うことがありません。だからこそ、声をかけることが連続していくのかもしれません。

これからも、大向こうの声の「ワクワク感」を届けたいと思い続けています。

◇

大向こうは、作品の一部となると同時に、作品を客観的に観る眼も必要であるという、2つの視点を持った応援の形式だ。この伝統的な応援の形式は、応援する側の精進も必要とされるものである。大向こうの行う掛け声は、応援自体が評価されるものなのだ。

第5章　応援を味方につける方法

応援されるマインド

誰が何を好きになるのか、何を応援したいと思うのかは、感情の問題で説明できない。好き嫌いは、感情で生じるものであって、理詰めでは説明できないだろう。

しかし、第3章、第4章で事例を挙げた通り、市場を見渡すと、応援されているブランドや企業には共通する要素がある。

それでは、応援されるためにどのように考えていればいいのか、何を指針とすればいいのか、最後にまとめて考えてみたい。

まず、「応援されるマインド」については、以下の8つが挙げられる。

① 「人」として認められること

人が親近感を感じるのは、基本的には人間や命ある存在に対してだ。けなげに飼い主の帰りを待つ犬、寒さを乗り越えて花を咲かせる桜など、無機質でなく生きていると思うからこそ、私たちは応援したくなる。生きているものとして認識されるから、親近感を持つのだ。

ブランドや企業は、生命体ではない。しかし「生きているもの」として認識されれば、そこから親近感を持つ対象となる。そうなると、「かわいそう」「一緒にいたい」「いないと寂しい」という感情が生まれてくるのだ。

人間として認められるには、血が通った温かい感じがする、話ができる、というだけではいけない。生き物にあって無生物にはないもの、つまり「代謝」が重要であると思う。何かを取り入れたら、それを活用してそこからまた何かを生み出すというように、何か常に動いていること、変化していくことが重要だろう。それは時代の変化によるものであっても、顧客からの声に反応したものであっても構わない。

さらに、他の人とは違う個性が必要だろう。優しい、楽しい、面白そうなどといったイメージだけでは不十分だ。私たちが日頃、友人や知り合いに対して細かなイメージを持っているように、一人の人間としての「普段は優しいけど、いざという時には頼りになる感じ」という細かな性格までもイメージされることで、感情が起こってくるのだ。

②人として、話をすること

一人の人間として認識されたら、同時に、一人の人間としてコミュニケーションをしなくてはならない。それは、１対１でコミュニケーションをするというのではない。ブランドや企業が個性を持った人として自覚すれば、ＳＮＳは何を使うのか、どんなことを話せばいいのか、どんなコミュニケーションをしたらいいのかがわかりやすくなるだろう。

人間として対話をするのであるから、友人とのコミュニケーションでやってはいけないことはやってはいけない。欺かない、その場かぎりの話で誤魔化さない、といった人間同士の約束と同様だ。

いくらクチコミが広がるからといって、お金を払ってクチコミをしてもらうなどの行為は、私は一人の人間としてのコミュニケーションではないと思う。友人が、実は裏でお金をもらっており、「この商品を食べてみたら美味しかったよ。買うべきだよ」などと言っていることを知ったら、その友達のことをどう思うだろうか。やはり、正直であり誠実であるからこそ、信用されるのだろう。

その他にもどのようなコミュニケーションをしたら相手が喜ぶか、どんな話なら相手が乗ってくるのか、人間同士として考えれば、コミュニケーションの仕方は自然とわかってくるものと考えられる。

さらには、人間同士であれば、ミスコミュニケーションも起こる。違う意図でとられてしまったり、真意が伝わらなかったりする。しかし、人間同士のコミュニケーションであれば、「話せばわかる」ので、人と人とのコミュニケーションとして対話するべきだろう。

③物語ること

物語は、共感を生み出す力を持っている。物語によって、感情移入が起こり、そして共感を生み出す。[60]

第３章でも述べたように、熱い思いや目標に共感するから、応援していきたいと思うのだ。そのためには物語を語ることが重要だ。商品開発のストーリーや裏話を聞いて興味を持ったり、タレントの生い立ちの話を知ってもっと好きになったりと、物語は共感を深める働きをしてくれる。物語型のＣＭが多いことからもわかるだろう。

それでは、何を物語るのか。それは何であってもよい。信念や理想、ビジョンだけではない。どんな日々を過ごしているのか、どんな出来事があったのか、どんな苦労があったのか。未来へ向かう物語なら、一緒に夢を見てもらえるし、苦労話なら寄り添ってもらえる。物語ることによって、具体的に理解され、一人の人として認めてもらえることとなる。

物語は、形のない資産である。本当の物語であれば、他の企業と重なることもないし、真

60　Escalas, Jennifer Edson & Barbara B. Stern (2007) Narrative Structure: Plot and Emotional Response, *Psycholinguistic Phenomena in Marketing Communications*, 157-175.

似されることもない。真実の物語を語ろう。

④応援しやすくする（応援アフォーダンス）

応援を個人だけで行うのは難しい。応援したいなと思っても、どうすればいいのか、何をすればいいのかと、どう行動に移せばいいのかわからないからだ。そのような時に、どう応援すればいいのかという、「応援しやすさ」があることは重要である。この「応援しやすさ」を「応援アフォーダンス」と呼ぼう。

アフォーダンス（affordance）とは、アメリカの生態心理学者ギブソンの造語である。[61] 提供するという言葉である「afford」が元となった言葉だ。アフォーダンスの考え方は、居住空間やデザインの分野で広く浸透し、ノーマン[62]が、「ある道具をうまく使えなかったら、それはあなたのせいではなくて道具のデザインが悪いせいである」と述べているように、道具のデザインはそれが何を提供（afford）するのか、どのように使用するとどのような行為ができるのかを、デザインするべきであると主張する。

少々難しい話となったが、この考えに従うと、応援したいと思うのにできなかった原因は、「どうやって応援すればいいのかわからなかったから」となる。どう応援すればいいのかという応援しやすさ、つまり、応援アフォーダンスを提供することは、応援を味方につけるうえでとても重要だ。応援されるためには、応援できる仕掛けをつくっていく必要があるのだ。

それは、サイトやSNS、イベント、コミュニティなどでもいいし、ファンの集いの場を設けてもいい。また、「応援上映」のように、新たなスタイルをつくり上げてもいい。応援したいという気持ちをそのまま行動に移せるように、応援しやすさをつくることが必要だ。この応援の場での活動が楽しいものであれば、さらに応援したいと思うようになっていく。インターネット上でも、実際のリアルの場でも構わない。

従来の消費財のマーケティングの分野においても、モノそのものの物質的な価値ではなく、モノを使うことで得られる感動や快感などの「経験価値」にも注目が集まってきている。シュミット[63]は、顧客にとって思い出に残るような出来事、経験とそれを刺激する仕掛け「経験プロバイダー」が必要と主張している。モノの消費の際にも経験が重要視されるように、ど

61　James Jerome Gibson (1950) The Perception of the Visual World, Houghton Mifflin
62　D・A・ノーマン、野島久雄（訳）（１９９０）『誰のためのデザイン？』新曜社認知科学選書
63　バーンド・H・シュミット、嶋村和恵・広瀬盛一（訳）（２０００）『経験価値（エクスペリエンシャル）マーケティング：消費者が「何か」を感じるプラスαの魅力』ダイヤモンド社

んな経験ができるのかが、重要視されるようになってきた。**感動する、感情が動くといった心理的、感覚的な経験をすることによって、コモディティ化から抜け出せる**というものであるが、これは応援の場においても同様だ。

そのブランドのファンでいることが楽しいのであれば、楽しい経験価値を生み出し、そのブランドへの愛着は強くなる。応援の場において、どのようにして、応援する楽しさ、応援する経験価値を与えられるかを考えて、場のデザインを行うべきである。

現在の消費者たちは、自分たちも参加したがっている。楽しみながら、参加できることで応援が盛り上がっていく。それは直接の消費者でなくても構わない。社会的な目的のための場であったり、楽しむためだけの場であったりする場合もあるだろう。

重要なのは、ファンたちとつながっていくということである。ファンたちが積極的に参加できるようなつながる場が必要なのだ。

⑤応援を返すこと

ファンからの応援を受けるだけではなく、応援してもらったら、応援を返していく。人間同士で考えれば当たり前のことである。

返す応援の形はいろいろとあるだろう。プロ野球の球団がやっているように、「ファン感謝デー」のようなイベントもあれば、新製品や新サービスでファンの声に応えたり、店内や工場、ＳＮＳなどで気持ちを伝えたりしてもいい。いい商品やサービスを提供し続けていくことが、応援に対してのお返しであるとも考えられる。

よく「マイナーな時は好きだったのに、売れたら好きではなくなった」という話を聞く。たとえば、バンドやラーメン店やアイドルなど、自分だけが知っているという優越感が良かったのに、メジャーになったり、多店舗で展開をしたりすると、誰もが知るものとなってしまい、魅力を感じなくなるというものだ。「自分だけのもの」が「みんなのもの」になってしまった「寂しさ」があるのかもしれない。

それに加え、大きな市場を相手にしたとたんに、大きな市場向けの価値の提供を始めることも理由かもしれない。もっと大勢に訴求する価値を提供する、もっと広い市場で受け入れられるものとなろうとすることによって、今までの個性から違う個性へと転換してしまうということも考えられる。

それではマイナーでい続ければいいのか。それとも今までのファンがいなくなっても、メジャーを目指せばいいのだろうか。

これは正解がないものであるが、メジャーになっても、ファンに対して提供する価値がぶれないことが、応援を返していくことであるだろう。形や方法はどんなものであっても、そのブランドや企業らしくあることが、応援を返すことであろう。

⑥勝手に終わりにしない

応援し、応援される関係は、企業とファンとの一体化であり、「売り手」「買い手」という分断された関係ではないことは、今まで述べてきた。ブランドをつくっていくのも育てていくのもファンと一緒であるのなら、そのブランドが終わる時も、ファンが納得した形で終わりにしなくてはならない。それまでのファンたちの思いや、費やしてくれた時間、お金を無駄にするような終わり方ではないやり方で、終わりまでの道を考えなくてはならないのである。どのような形で幕を引くのか、ブランドを卒業するのか、なかなか取り上げられてこなかったテーマであるが、終わりまでのデザインは大事である。いつ、どのようにして終えるのか。

それは自分勝手でなく、ファンが納得するものであり、終わりにした後も応援し続けたいと思わせるような終わり方を考える必要があるだろう。

⑦「私の〇〇」と思わせる

企業やブランドの市場での評価を考える軸としてよく使われるのが「顧客満足」である。顧客満足度何位、などというＣＭを見かけることも多い。確かに、顧客起点で考え、顧客に満足してもらうモノやサービスを提供することは大事である。しかし、応援されるためには、顧客満足よりもまずは「私の〇〇」と思われる一体感を目指すべきだ。「私のブランド」「私のお店」と思われる距離感をつくるのだ。

顧客満足という立場で考えると、満足を提供するのが企業、その受け手が消費者、という図式となる。顧客満足で測るものは、提供するサービスへの満足度であり、満足しなければ顧客は離れていくと考えられている。顧客との関係を「サービス」の提供者と受け手として考え、一時の関係と考える枠組みである。

しかし、**応援される関係となると、満足しなくても離れていかない関係となる**。阪神タイガースファンが試合に満足しなくともびくともしないように、だ。関係が進展すると、ダメなところも魅力となるし、ダメな部分を見てさらに親近感がわいてくる。身内になるから「ダメなんだよね」と言えるようにもなる。

つまり、客観的に測れる満足は、その一時点での気持ちであるが、「私の○○」感は、時間の経過によってつくられてきた気持ちであり、それは一時の満足や不満足では揺るがないものである。もちろん、それが満足度にも良い影響を及ぼしていると考えられる。

繰り返すが、顧客満足を目指さないということではない。応援されることを目指すのは、顧客満足の図式とは、違う図式の話である。応援されている感覚、「私の○○」感に甘えて、顧客起点で考えず、顧客の満足を考えなければ、いつのまにか「私の○○」感は薄れていくだろう。

⑧時間軸で捉える

応援を経営に活かしていくことは、モノを売るための消費者を、味方としてのファンとして位置づけていくことである。SNSが広がり、消費者は自分で検索し、評価して、クチコミをし、コミュニティをつくっていくというように、自律的な存在となってきた。このような消費者や社会を仲間として考えていく。相手をコントロールしようとか、マネジメントしようとする考えはもう通用しないのかもしれない。

こうした状況下では、時間軸の考え方を変えなければならない。以前は購入の場という

「点」のつき合いであった消費者との接点を、過去、現在、未来へという時間軸として長く考えることになるのだ。また、購入の場だけではなく、その前段階の商品化や流通など多くの場において接点を持つようになり、人格を持ったもの同士で影響を与え合う、というつき合い方となる。先に述べたように、「さよなら」が訪れる時は、どのようにしてお別れするのかまでも視野に入れなくてはならない。計画通りの未来ではなく、相互作用した結果の未来が待つようになる。そんな新しい関係の中では、企業やブランドの魅力は以前の教科書通りではないはずだ。

味方をつくる。応援してもらう。応援を味方につける。味方をつくるのであるのだから、大げさにいえば、その人の人生までも背負っていく覚悟が必要だ。応援されたら、もはやブランドは企業のものではない。応援してくれた人たち、ひいては社会とシェアされた存在なのである。

【ケースインタビュー⑥】

応援をつなぐ、ファン発の広告――SMAP大応援プロジェクト

国民的アイドルSMAPの解散騒動は、ファンたちの様々な応援のムーブメントを生み出した。署名活動や、「花摘み」と呼ばれる『世界に一つだけの花』のCD購買運動で、売上は300万枚を超え、香港でもファンたちからSMAPへのメッセージが込められた広告のラッピングバスが走り、台湾の駅構内でも応援看板が設置された。

そして、解散の前日である2016年12月30日、朝日新聞朝刊に8ページにわたり、ファンからSMAPへの応援メッセージ広告「SMAP大応援プロジェクト」が掲載された。それはクラウドファンディングを用いて、たった1週間で集められたものだった。

このプロジェクトを企画、実行したのは、SMAPファンの3人。SMAP解散を受けた、ファンたちによるミーティングや集会で知り合ったという。

このプロジェクトの発起人の一人、Sさんは、メンバーと同年代ということもあり、SMAPのファンとなった。結婚、出産後は家族ぐるみでSMAPファンとなり、コン

サートに出かけていたそうだ。

「ＳＭＡＰはずっと存在して、ずっとＳＭＡＰの歌を聴いていられると信じて疑ったことはなかったです」

しかし、突然、ＳＭＡＰ解散が発表された。

解散の騒ぎがマスメディアから流れ出して、ファンたちは、いろいろな場所で集まった。

「本当のこと、ＳＭＡＰメンバーの本当の気持ちを知りたくて、情報交換をしていました。マスコミから流れてくる情報はどうしても信じられなかったし、ＳＭＡＰメンバーの本当の気持ちであるとは考えられなかった。ＳＭＡＰメンバーがラジオ番組で話した内容、流れた曲、ツイッターでの目撃情報を統合して暗号のように解釈していっても、本当のことがわからなかった。週刊誌やスポーツ新聞に載っている情報を読めば読むほど、メンバーの気持ちとはきっと違うことが情報として流れていると感じていたし、ファンたちは、心が傷ついていった」。このように、Ｓさんは振り返る。

「私たちからすると、絶対に嘘だと思う情報が溢れていて、すごく傷つけられていました。ＳＭＡＰメンバーみんながＳＭＡＰのことをすごく愛していることはわかっていたから、どうしてだろうと思っていました。だって、コンサートでの言葉やラジオで聞く言葉は、『SMAPが好きで、ずっと続けたい』という言葉だったから、メンバーの気持ちだとはまるで思うことができませんでした。でも、解散が止められないのであれば、SMAPに何か伝えたかったし、何か声を上げたいと思いました」

また、SMAPのことを記録として残しておきたかった。『世界に一つだけの花』を300万枚のセールスにすれば、歴代のシングルCDの歴代売上3位、という記録として残すことができる。SMAPがいたということを、素晴らしいアイドルだったということを記録として残したかったというファンの行動は続いていた。

Sさんたちは、それまでの理不尽とも思えた報道に「おかしい」と声を上げたいと思ったのと同時に、きっと傷ついているだろうSMAPメンバーにもメッセージを送りたかったし、感謝も伝えたかった。

そしてSMAPファンのオフ会で知り合った2人と一緒に、新聞を使ってメッセージを送れないかと考えた。最初は新聞の個人広告を考えたが、新聞社に相談したらクラウドファンディングを用いてのファンからのメッセージ広告というアイデアが出た。

「クラウドファンディングでやろうって新聞社の方が提案してくれたのだけど、実際にどのくらいの人が協力してくれるのかわからなかった。また、やることが決まってからも、締め切りまでの時間がとても短くて、本当にどのくらい集まるのか、成功するのか、とても不安でした。でも新聞社はページの変動はあるものの、最低限の紙面を確保して準備をしていてくれました」

３０００円の寄付で紙面に名前が載り、１０００円だとお礼のメールが届くというようにしたが、ほとんどの人が３００００円のコースを選択した。1週間で1万３０００人以上が賛同してくれて、ほぼ４０００万円が集まった。当初の予定の3倍以上となる人数と金額は、国内の購入型クラウドファンディングでは史上最多となった。

紙面には、ＳＭＡＰの曲名、そしてこれからもずっと応援していくというメッセージが並んだ。誰も傷つかないもので、ＳＭＡＰへの感謝を何よりも伝えたかった。

またＳＭＡＰが積極的に支援していた、東日本大震災への支援も紙面上で訴えた。「ＳＭＡＰはいつも被災地のことを考えていたから、被災地支援も絶対にＳＭＡＰの応援には欠かせないものだと思っていました。ＳＭＡＰはいつも言っていました。『被災地のことを頭の中においておくだけで、絶対に行動が違う』、と。募金するとか、ボランティアをするとかではなくても、例えばスーパーに買い物に行った時に、『あ、東北のものを買おう』って思うということです」

そして、この広告は2017年の新聞広告賞の優秀賞を獲得した。

それから5カ月後、熊本地震の支援を訴えるプロジェクトも立ち上げた。SMAPメンバーも支援活動に行っていたし、きっとSMAPだったら積極的に支援活動をしていただろうと思い、その意志をファンが引き継ぎたいと思ったからだ。SMAP解散後もSMAPファンはSMAPを応援していることを示し、それが被災地の支援活動というクラウドファンディングとなったのである。

このSMAP大応援プロジェクトが多くの人たちを瞬時に結びつけることができたのは、インターネットでクラウドファンドという応援のプラットフォームが整っていたからである。インターネットはそれまでできなかった応援を可能とし、「応援アフォーダンス」を高めているのである。

この動きは単にアイドルの応援というだけではなく、アイドルに代わって、ファンが被災地を支援しているという動きにも注目できる。SMAPに対する応援という形が、被災地を応援していく。応援は、つながれていくものでもある。

あとがき

職業柄、大学生と一緒にいることが多いが、彼らはテレビを観ないし、もちろん、新聞も読まないし、雑誌もほぼ見ない。流行に乗ることはカッコ悪いというし、シンプルな服を着こなし、そんなにモノを持とうとしない。そんな彼らに対して、広告を用いる「売ろうとしている」というコミュニケーションは、逆効果であることが多いと感じることもある。いわゆる「マーケティングアレルギー」だ。

世の中を見まわしてみても、モノを持たない生活に憧れ、断捨離をする人も多い。使わなくなったものは、フリマアプリを使って売り、また、借りるサービスも多くなってきている。

そんな状況で、マーケティングは何を考えればいいのか、ということがわからなくなってくることがあった。広告で売るとか、大ヒットを狙うとか、シェアを拡大するということが果たして正解なのかもわからなくなってきた。市場においてみんなが好きなもの、みんなが買いたいものはもう存在しなくて、個々の人たちが自分の好きなものを持ち、好きなことをするようになってきている。新しいモノも魅力的ではなくなった。新しいバージョンが発売されたら「買わなくちゃ」と脅迫観念的に思っていたあのころは何だったのだろうと思うようになってきた。

でも、好きなことにはお金を使う。好きなものはどこまでも追いかける。つくられたブームではなく、自分の好きなことを最優先していく、という社会になっていっていると感じる。世の中はオタク化していると思う。アニメファンが多いとか、そういうことではなく、オタクが生きやすくなってきた。アニメオタク、鉄道オタク、化粧品オタク……。オタクとなるとその部門には多くの知識を持ち、そして発信したくなる。

そんなことを考えていた時に「応援」というキーワードにたどりついた。今まで買ってもらおうと消費者に対してアプローチしてきたが、そうではなく、好きになってもらうというようにベクトルの向きを逆に考えていこうと思い、本書の執筆がはじまった。

この本の執筆は楽しいことの連続だった。ファンや企業への取材で、熱い思いを伺うのは楽しいものだった。売る側も買う側も、熱い思いを持つことで、これからのビジネスの流れができていく。「とりあえず買ってもらえばいい」「とりあえず買ってみた」という表面的な行動ではなく、モノが溢れている時代だからこそ、熱い思いで納得できるものをつくりたい、売りたい、という流れを感じた。

本書の執筆にあたり、快く協力してくださった企業の方、好きなブランドや好きな選手、アーチストなど、好きなモノやコトを全力で応援しているファンの方に心からお礼申し上げます。

今回、事例収集にあたっては文献だけでなく、なるべく直接取材を試みましたが、それが難しい場合は消費者の立場からの参与観察、ユーザーヒアリング、メール取材など、一次情報の取得に努めたつもりです。事実誤認や誤記はすべて著者の責任です。

まるで少女マンガの世界から抜け出てきたかのような優しさと柔らかさと爽やかさで本書の企画段階から絶えず御尽力や的確なアドバイスをして下さり、応援し続けてくれた光文社の若き編集者、森坂瞬さんに心からお礼と感謝を申し上げます。ありがとうございました。

新井範子

新井範子（あらいのりこ）
上智大学経済学部経営学科教授。インターネットやアプリを使ったデジタルなマーケティング、デジタル空間での消費者行動やブランディッド・エンターテインメントを中心に研究をしている。著書に『みんな力』（東洋経済新報社）、『変革のアイスクリーム 「V字回復」を生んだ13社のブランドストーリーに学ぶ』（ダイヤモンド社）などがある。

山川悟（やまかわさとる）
東京富士大学経営学部教授。広告会社のマーケティング部門において、広告計画、販売促進計画、ブランド開発、商品開発などに携わった。専門はマーケティング論、創造性開発（プランニング、事業モデル開発）、コンテンツビジネス論。著書に『事例でわかる物語マーケティング』（日本能率協会マネジメントセンター）、『不況になると口紅が売れる』（マイコミ新書）などがある。

応援《おうえん》される会社《かいしゃ》 熱《あつ》いファンがつく仕組《しく》みづくり

2018年1月20日初版1刷発行

著　者 —— 新井範子　山川悟
発行者 —— 田邉浩司
装　幀 —— アラン・チャン
印刷所 —— 萩原印刷
製本所 —— フォーネット社
発行所 —— 株式会社光文社
東京都文京区音羽1-16-6（〒112-8011）
http://www.kobunsha.com/
電　話 —— 編集部03(5395)8289　書籍販売部03(5395)8116
業務部03(5395)8125
メール —— sinsyo@kobunsha.com

 ISBN 978-4-334-04332-2

904
誰が「働き方改革」を邪魔するのか
中村東吾

私たちは、「働けど見返りの少ない現代の働き方」に疲弊してしまっているのではないだろうか？　いったい、何が問題なのか？　〈頑張りたくても頑張れない時代〉を生きるヒント。

978-4-334-04310-0

905
ミレニアル起業家の 新モノづくり論
仲暁子

製造業とともに衰退する日本が蘇るためのヒントは、モノを持たない'80〜'90年代生まれの行動にある。国内最大のビジネスSNSを運営する女性社長が、新しい労働と幸福の形を示す。

978-4-334-04311-7

906
「朝ドラ」一人勝ちの法則
指南役

「ぽっと出のヒロイン」「夫殺し」「故郷を捨てる」…etc.これらが朝ドラのヒット作に共通する要素である――ホイチョイ・プロダクションのブレーンによるドラマ・マーケティング論。

978-4-334-04312-4

907
名画で読み解く イギリス王家　12の物語
中野京子

王家が変わるたび、途轍もない人物と想像もつかないドラマが生まれる英国。テューダー家、ステュアート家、ハノーヴァー家を名画とともに振り返る、大人気シリーズ第四弾！

978-4-334-04313-1

908
成功者が実践する「小さなコンセプト」
野地秩嘉

売れた物を毎日記録した柳井正、客を見ることを忘れない新浪剛史、一日も休まずコラムを綴る松本大、作詞のために酒をやめた秋元康…。人気作家が引き出す一流たちの血肉の言葉。

978-4-334-04314-8

909
テロVS.日本の警察
標的はどこか?
今井良
いま、ヨーロッパを中心に世界中でテロが頻発している。日本に暮らす私たちも、テロと決して無縁ではない。民放テレビ局で警視庁担当記者を務めた著者が、テロ捜査の最前線を描く。
978-4-334-04315-5

910
小説の言葉尻をとらえてみた
飯間浩明
小説の筋を追っていくだけでなく、ことばにこだわってみるのも楽しい。『三省堂国語辞典』編集委員のガイドで、物語の中で語られることばの魅力に迫っていく、異色の小説探検。
978-4-334-04316-2

911
炭水化物が人類を滅ぼす【最終解答編】
植物VS.ヒトの全人類史
夏井睦
前作で未解決だった諸問題や、「糖質セイゲニストの立場から生命史・人類史を読み直す」という新たな試みに挑む。19世紀的知識の呪縛とシアノバクテリアの支配から人生を取り戻す。
978-4-334-04317-9

912
労働者階級の反乱
地べたから見た英国EU離脱
ブレイディみかこ
トランプ現象とブレグジットは似て非なるものだった! 英国在住、労働者のど真ん中から発信を続ける保育士兼ライターが、常に一歩先を行く国の労働者達の歴史と現状を伝える。
978-4-334-04318-6

913
ブラック職場
過ちはなぜ繰り返されるのか?
笹山尚人
電通の社員だった高橋まつりさんの過労死事件は、私たちの社会に大きな課題を突きつけた。なぜ、ブラックな職場はなくならないのか? 豊富な事例を交え、弁護士が解決策を示す。
978-4-334-04319-3

光文社新書

914
2025年の銀行員
地域金融機関再編の向こう側
津田倫男
地銀・第二地銀、信金・信組の再編が進まない理由は、勲章にあった!?――最新情報に基づく地域金融機関の再編予測と、その中でも生き残る銀行員・地金《ちきん》パーソン像を解説。
978-4-334-04320-9

915
医学部バブル
最高倍率30倍の裏側
河本敏浩
「東大文系より私立医学部」の時代――医学部進学予備校を主宰する著者が、その最前線の闘いを活写。また、豊富な指導経験をベースにした効果的な勉強法を提示する。
978-4-334-04321-6

916
女子高生 制服路上観察
佐野勝彦
膝上スカート、ずり下げリボン、なんちゃって制服…「だらしない」では現象の本質は見えない。街で20年、観察とインタビューをしてきた著者が明かす10代のユニフォームの全て。
978-4-334-04322-3

917
「家事のしすぎ」が日本を滅ぼす
佐光紀子
「手づくりの食卓」「片付いた部屋」……「きちんと家事」への憧れと呪縛が日本人を苦しめる――。多くの聞き取りや国際比較を参照しながら気楽な家事とのつきあい方を提案する。
978-4-334-04323-0

918
結論は出さなくていい
丸山俊一
『ニッポンのジレンマ』『英語でしゃべらナイト』『爆笑問題のニッポンの教養』等、NHKで異色番組を連発するプロデューサーによる逆転の発想法。強迫観念・過剰適応の時代のヒント。
978-4-334-04324-7

919
精神鑑定はなぜ間違えるのか？
再考　昭和・平成の凶悪犯罪
岩波明
附属池田小事件、新宿・渋谷セレブ妻夫バラバラ殺人事件、池袋通り魔殺人事件、連続射殺魔・永山則夫事件、帝銀事件――ベストセラー『発達障害』の著者が明かす精神医学の限界。
978-4-334-04325-4

920
ラーメン超進化論
「ミシュラン一つ星」への道
田中一明
近年、ラーメン店主たちの調理技術は飛躍的に向上し、ついにミシュランの星を獲得する店も誕生。1杯1000円に満たない値段で体験できるその奥深き世界を、「ラーメン官僚」がレポート。
978-4-334-04326-1

921
コミュニティー・キャピタル論
近江商人、温州企業、トヨタ、長期繁栄の秘密
西口敏宏　辻田素子
優れたパフォーマンスを示すコミュニティーの特徴とは？　経済繁栄はいかに生まれ、長く維持されるのか。最新のネットワーク理論とフィールド調査から、ビジネスのヒントを探る。
978-4-334-04327-8

922
手を洗いすぎてはいけない
超清潔志向が人類を滅ぼす
藤田紘一郎
手洗いに石けんはいらない。流水で一〇秒間だけでいい。きれい好きをやめて、もっと免疫を強くする術を名物医師が提唱。あなたの常識をガラリと変える、目からウロコの健康法！
978-4-334-04328-5

923
雲を愛する技術
荒木健太郎
豊富なカラー写真と雲科学の知見から、身近な存在でありながら本当はよく知られていない雲の実態に迫っていく。雲研究者が愛と情熱を注ぎこんだ、雲への一綴りのラブレター。
978-4-334-04329-2

光文社新書

924
追及力
権力の暴走を食い止める

望月衣塑子　森ゆうこ

森友・加計問題の質疑で注目される新聞記者と政治家が「問う意味」を巡り大激論。なぜ二人は問題の本質を見抜けたのか？　一強多弱の今、ジャーナリズムと野党の意義を再考する。

978-4-334-04330-8

925
美術の力
表現の原点を辿る

宮下規久朗

絵画とは何か、一枚の絵を見るということは、芸術とは――。初めてのイスラエルで訪ね歩いたキリストの事蹟から、津軽の供養人形まで。美術史家による、本質を見つめ続けた全35編。

978-4-334-04331-5

926
応援される会社
熱いファンがつく仕組みづくり

新井範子　山川悟

単なる消費者ではなく能動的な「応援者」を増やすことが、生涯顧客価値を高めていく――。熱いファンによって支えられる国内外の会社の事例をもとに、「応援経済」をひもといた。

978-4-334-04332-2

927
1985年の無条件降伏
プラザ合意とバブル

岡本勉

'80年代、あれほど元気でアメリカに迫っていた日本経済が、なぜ「失われた20年」のような長期不況に陥ってしまったのか？　元記者が、現代日本史の転換点を臨場感たっぷりに描く。

978-4-334-04333-9

928
老舗になる居酒屋
東京・第三世代の22軒

太田和彦

佳き酒、肴は、店主の誠実さの賜。東京に数ある居酒屋の中で、開店から10年に満たないような若い店だが、今後老舗になっていきそうな気骨のある22軒を、居酒屋の達人・太田和彦が訪ね歩く。

978-4-334-04334-6